KB071056

뉴노멀 시대
스마트한 자녀교육

"똑똑한 부모는 이렇게 준비한다"

"똑똑한 부모는 이렇게 준비한다"

뉴노멀시대
스마트한
자녀교육

"코치님, 우리 애 좀 어떻게 해주세요."

"요즘 학교에 안 가니 공부를 안 해요. 살만 찌고…. 어휴, 정말 미치 겠어요."

"이제 2학기부터는 매일 등교해야 할 것 같은데, 아이가 벌써 가기 싫 다고 투정 부려요.

"정말 어떻게 가르쳐야 할지 걱정이에요. 무슨 방법이 없을까요?"

"우리 애는 꿈이 없어요. 정말 걱정이에요."

"애만 보면 화가 나요. 이제 컸다고 너무 대들어요."

"맨날 알아서 한대요. 엄마는 신경 쓰지 말래요. 뭘 알아서 한다는 건 지. 이대로 놔둬도 될까요?"

요즘 제가 자주 받는 질문입니다. 저도 같은 부모로서 그 마음을 충 분히 느낍니다.

부모들은 평생 걱정하는 것 같습니다.

"너무 공부를 안 해서 걱정이야. 어떡하지?"

"저렇게 공부를 못 하니 밥벌이나 할 수 있을까?"

"세상은 계속 변하는데 어떤 공부를 시켜야 하나?"

"무슨 과로 진학을 해야 취직이 잘 되나?"

"이렇게 취직이 어려우니 어쩌면 좋아."

"결혼은 언제 하려고?"

20년 이상 엄마 그리고 코치로서 답을 고민해 왔습니다. 저에게도 답이 절실했습니다. 아들이 성장해 갈수록 주제가 다를 뿐 걱정은 끊이질 않습니다. 수많은 전문가의 책을 읽고 논문도 보았습니다. 그리고 권하는 방법을 따라 해보았습니다.

엄마는 뭐든지 잘해야 합니다. 유대인처럼 질문해야 하고, 자신감을 키우는 말을 해야 하고, 창의력을 키우기 위한 놀이를 해줘야 하고, 아이 마음에 상처 주는 말을 하면 안 되고…… 부모는 아이의 평생 멘토가 돼야 합니다. 그런데 잘 안 되는 게 많더군요. 내가 문제일까? 아이는 점점 커가는데 조바심만 늡니다.

어느 날 의문이 생겼습니다.

'부모니까 당연히 걱정하며 살아야 할까? 부모니까 평생 자식 문제를 고민하고 살아야 할까? 정답은 있는 것일까?'

걱정의 근원으로 돌아가서 답을 찾아야 한다는 생각이 들있습니다. 그러다 알아차린 것이 있습니다. 답을 미리 정해 놓고 그 답을 얻지 못할 것 같으면 걱정하는구나. 그것이 정답인지도 모르면서 미리 정한 답과 다르면 틀렸다고 안달복달했습니다.

인생에는 여러 갈래의 길이 있고 다양한 답이 존재할 텐데, 그것을 간과하고 살아왔다는 것을 알게 됐습니다. 그런데 그 모든 답을 알 수 있는 사람이 있을까요? 그런 사람은 존재하지 않을 것입니다. 그 길에 서 있는 사람이 그 답을 찾으면서 한 발 한 발 나갈 수밖에 없습니다.

그렇다면 다른 질문이 필요합니다.

우리 아이들이 인생의 길에서 제대로 된 답을 찾으며 잘 살아갈 수 있도록 하려면 어떻게 키워야 할까?

4차 산업혁명과 코로나19로 인해 너무 많은 것이 불확실한 시대입니다. 그동안 지표로 삼았던 기준들이 흔들리고 새로운 질서가 형성되는 뉴노멀 시대를 살아가게 됩니다. 시대는 변했습니다. 그리고 계속 변화해 가고 있습니다.

어떤 학자는 코로나로 인해 그 변화의 속도가 5~10년 이상 빨라졌다고 이야기합니다. 변화의 방향이 아니라 속도가 바뀐 것입니다. 방향은 그대로지만 속도가 빨라진 것입니다. 우리 자녀들은 이 변화에 적응할 수 있어야 하며, 나아가 변화를 선도할 수 있어야 합니다. 이는 기존의 교육만으로 어려울 수 있습니다. 교육의 패러다임이 바뀌어야 하고, 그러기 위해서 다른 질문을 하고 다른 답을 찾고 다르게 행동해야 합니다.

그 답을 찾아가는 과정에서 변화와 성장이 일어나는 것을 체험하고 있습니다.

진로학습 코치로서, 역량개발 전문 코치로서 그동안 연구하고 현장에서 체험한 내용을 책으로 엮었습니다. 무엇보다도 엄마의 마음을 가장 많이 담았습니다.

이 책이 자녀교육을 위한 새로운 질문을 하고 그 질문의 답을 찾는 데 조금이라도 도움이 되기를 바랍니다.

2022년 봄을 기다리며

전혜선

이 책은 이론과 실천의 부분으로 구성되어 있습니다. 1장과 2장에서
는 세계의 변화와 미래인재의 핵심역량을 소개합니다. 기존의 틀을 기
반으로 변화가 발생합니다. 미래세계를 완벽하게 예측할 수는 없겠지만,
변화의 방향성을 이해한다면 갈 수 있는 길이 보이겠지요. 정보의 차원
으로 읽어보세요. 그리고 자녀교육의 좌표를 찍어 보세요.

3장은 감정에 대해 다룹니다. 불쑥불쑥 찾아오는 감정들이 있습니다.
여러 원인에 의해 우울감, 무기력함, 분노 등의 감정이 자주 찾아올 수
있습니다. 부모가 건강하게 감정 관리를 할 수 있어야 자녀교육을 할 수
있습니다. 3장의 내용을 본인과 자녀에게 활용해 보세요. 눈에 띄는 바
람직한 변화가 생길 것입니다.

4장은 실제적인 자녀 교육법을 소개합니다. 사람의 잠재력을 극대화
시킬 수 있는 교육 방법인 코칭과 미래인재의 핵심역량으로 떠오르고 있
는 SQ(영성지능)의 개발법입니다. SQ는 기존 교육계에서 흔히 다뤄진
내용이 아니지만, 양자 역학 등으로 미시세계에 대한 정보와 함께 과학
적으로도 입증되기 시작했고. 이미 많은 학생이 이 교육법으로 효과를

보고 있습니다.

　이 책을 읽는 순서는 크게 상관없지만, 만약 현재 마음이 힘드시거나 자녀와 갈등이 있는 분은 3장을 먼저 읽으셔도 좋습니다.

　단원 별로 들어가는 질문과 복습 질문이 있습니다. 질문의 답을 찾으면서 책을 읽어 간다면 내용을 더 쉽게 이해할 수 있습니다. 이 책에는 여러 가지 실천 방법이 담겨있습니다. 이 중에서 실천할 수 있는 것을 먼저 골라서 행해 보시길 권합니다. 하나라도 꾸준히 실천한다면, 행복한 자신과 성장하는 자녀의 모습을 보실 수 있을 겁니다.

　다음은 제가 현장에서 많이 받은 질문입니다. 내용을 읽어보시고, 본인에게 해당하는 것이 있는지 살펴보세요. 그리고 책을 모두 읽은 후에 이 질문에 대한 답을 정리해 보세요. 적절한 답을 제시할 수 있다면, 내 자녀뿐 아니라 다른 학생도 지도할 수 있는 코치의 역량을 갖추신 겁니다.

부모들의 질문

1. 미래에는 AI가 대부분의 직업을 대신하니, 인공지능에 대한 소양이 필요한데, 그러기 위해서는 수학, 과학 정보교육이 중요하대요. 이제 중학교 들어가니 수학 선행을 시켜야 할까요? 코딩 공부도 해야 할까요? 좋은 학원은 어떻게 골라요?

2. 초등학교 때는 그래도 성적이 괜찮았는데, 중학교 오니 성적이 점점 떨어져서 걱정이에요. 지금까지는 종합학원에 다녔는데, 개인 과외를 시키는 게 나을까요?

3. 그래도 대학교 졸업은 해야 하는 거 아니에요? 이왕이면 명문대면 더 좋고요.

4. 우리 애는 도대체 하고 싶은 게 없어요. 고등학교에 진학하기 전에 꿈을 정해야 하는 것 아닌가요?

5. 열심히 공부하는데 성적이 안 올라요. 엄마로서 어떻게 도와줄 수 있을까요?

6. 우리 애는 너무 마음이 약해요. 이런 유리멘탈로 세상을 살아갈 수 있을까요?

7. 세상이 너무 빨리 변하는 거 같아요. 이런 사회에서 우리 아이에게 꼭 필요한 능력은 무엇일까요? 그리고 어떻게 교육해야 하지요?

8. 우리 애는 온종일 게임만 해요. 어떡하지요?

9. 사춘기라서 그런가요? 툭하면 성질을 내고 대화가 안 돼요. 어떻게 제 말을 듣게 할까요?

10. 오늘도 아이에게 화를 내고 말았어요. 안 그래야지 하는데 아이만 보면 화가 나요. 제가 문제인 거죠?

1. 던져진 질문

강의 중에 대학생들에게 이런 질문을 해보았다.

"만일 어떤 것이든 한 가지만 가질 수 있다면 무엇을 갖겠어요?"

많은 학생이 돈을 갖겠다고 대답을 한다.

이번에는 40대 이상의 코칭 과정 수강생들에게 질문했다.

"만일 내 자녀에게 한 가지만 줄 수 있다면 어떤 것을 주겠어요?"

돈이라고 대답한 사람은 단 한 명도 없었다. 그리고 선뜻 답을 말하는 사람도 없었다.

"수백억의 돈을 주면 어떨까요?"라고 물었더니 고개를 절레절레 흔들면서 그것은 아니라고 한다.

인생을 어느 정도 안다면 결코 돈을 애기하진 않을 것이다. 돈이 중요하지 않아서가 아니라 아무리 많은 돈이 있더라도 지킬 수 있는 능력이 없다면 소용이 없다는 것을 알기 때문이다.

작은 그릇에 억지로 무엇인가를 담으면 오히려 깨져 버릴 수도 있다는 것을 안다. 누구나 자녀의 그릇이 크기를 바랄 것이다. 그리고 그 그릇을 충분히 채울 수 있는 능력을 갖추기를 원하면서, 그렇게 될 수 있도록 양육하고 교육하려고 한다. 그런데 그 방법을 잘 모르기 때문에 고민을 한다. 차라리 모른다는 것을 알면 다행이다. 안다고 착각하고 열심히 가르치는 것이 더 큰 문제를 일으킨다. 그렇다면 무엇을 가르쳐야 할까?

필자는 누군가를 가르치는 직업을 갖고 있다. 아들이 생기기 전에는 그저 나의 지식을 전달하는 것에 최선을 다했고 성과도 좋았다. 그런데 내 아이를 가르쳐야 하고 나이가 들기 시작하면서 생각이 많아졌다. 지금 내가 가르치는 것이 정말 삶에 도움이 될까?

교육도 유행이 있다. 패션 아이템처럼 교육도 인기 있는 주제가 달라진다. 물론 그 당시에 필요한 지식을 배우는 것이 활성화되는 것은 당연하다. 그러나 상술에 따라서 좌우되는 경우도 많다. 인간이 살아가는 데 정말 도움이 되는 것이라면 지속돼야 한다고 생각한다. 시대와 세대가 달라져도 필요한 교육은 무엇일까 고민해 왔다.

독자분들은 첫머리의 질문에 어떤 대답을 하겠는가?

"만일 내 자녀에게 한 가지만 줄 수 있다면 어떤 것을 주겠는가?"

이 질문은 내가 가지고 싶은 한 가지로 바꿔도 좋다.

답을 내는 데 조금이라도 도움이 될까 해서 '세 가지 소원'이라는 동화를 소개한다.

옛날에 할아버지와 할머니가 살았어요.

그 할아버지는 매우 게을렀어요. 매일 잠만 자고 싶어 했답니다.

반면에 할머니는 부지런했답니다. 새벽부터 일어나 집안일을 하고 밭일도 하면서 살림을 꾸려나갔어요.

어느 날 할머니가 너무 화가 나서 낮잠을 자는 할아버지를 내쫓았습니다. 밖으로 나온 할아버지는 숲속 떡갈나무 밑에서 잠을 자다가 곤경에 빠진 요정을 구하고 세 가지 소원을 들어준다는 약속을 받습니다. 단 세 가지 소원은 할머니 입으로 이야기해야만 이루어집니다.

할머니는 할아버지의 말을 믿지 않았습니다.

"밭이나 갈라고 내쫓았더니 어디서 퍼져 자다가 개꿈이나 꾸고 왔군요. 정말 당신은 구제 불능이오. 어휴, 온종일 일만 했더니 배가 고프구먼. 이럴 때 소시지나 실컷 먹으면 좋을 텐데."

그런데 남편을 조롱하고 혼잣말을 하던 할머니 앞에 식탁 가득히 소시지가 나타났습니다. 이제야 할아버지의 말을 믿은 할머니는 남은 2개의 소원을 고민합니다.

"여보, 우리가 젊어지게 해달라면 어떨까요?"

"젊어지면 일을 많이 해야 하니 난 싫소."

"이놈의 영감탱이는 끝까지 일하기 싫어하는구려. 일하기 싫어하면 먹을 필요도 없어요. 이 소시지는 코에나 달고 다니시오."

홧김에 말한 두 번째 소원도 이루어져 소시지는 할아버지 코에 달라붙고 말았습니다. 결국 남은 세 번째 소원은 그 소시지를 떼는 데에 써야 했지요.

아이가 어릴 때 읽어주었던 동화인데 요즘에 보니 달리 해석된다. 내 나름대로 이 부부의 문제를 분석해 보면 다음과 같다.

첫째, 할머니가 할아버지를 믿지 않았다. 왜냐하면 게으른 할아버지를 무시했기 때문이다.

둘째, 이 부부는 자신들에게 꼭 필요한 것이 무엇인지 몰랐다. 왜냐하면 생각해 본 적이 없기 때문이다.

셋째, 이 부부는 기회를 활용하지 못했다. 왜냐하면 그 능력이 안 됐기 때문이다.

할머니는 새벽부터 한밤중까지 열심히 일한다. 그런 할머니가 종일 잠만 자는 남편을 한심하게 여기는 게 당연할 수 있다. 그런데 세 가지 소원의 기회를 얻어 온 것은 그 게으름뱅이 남편이다. 남편에게 행운이 온 것이다. 게을러야 행운이 온다고 주장하는 것이 아니다. 혹시 내 기준만 옳다고 고집을 피우는 것은 아닌지 생각해 보자. 예를 들어 "공부를 잘 해야 성공해", "새벽형 인간이 성공해", "학생이라면 당연히 해야지", "남편이라면 당연히 해야지" 등 나를 지배하고 있는 신념을 경계해야 한다. 어쩌면 빈둥대며 컴퓨터나 들여다보면서, 쓸모 있는 행동은 하나도 안 하던 내 아들이 반짝 아이디어로 대박 창업을 할지도 모르는 일이다.

세 가지 소원과 같은 행운이 오더라도, 제대로 빌 수 있는 능력이 있어야 한다. 그러기 위해서는 충분한 자기 탐색이 필요하다. 진정 자기가 좋아하는 것은 무엇인지, 무엇을 하고 싶은지, 장단점이 무엇인지, 자신의 인생 목적은 무엇인지 등 끊임없이 찾아야 한다.

그런데 많은 사람이 일상에 쫓겨서 생각할 여유가 없다. 기계처럼 일과를 반복하면서 세월이 지난다.

기회나 운을 알아차리는 것도 능력이다. 이야기 속의 할머니는 그 능력을 갖추지 못했다. 그래서 할아버지의 운조차 날려버리게 된 것이다.

그리고 할아버지에게 조금만 더 지혜가 있었다면, 이런 할머니의 특성을 알고 요정과 협상을 해야 했다. 할머니는 소원을 제대로 빌 수 있는 사람이 아니니, 내 입에서 소원이 나오게 해 달라고, 그 대신 할머니와 충분히 의논하겠다고 제안을 했으면 결과가 더 좋지 않았을까?

할머니가 능력이 없더라도 온유했다면 다른 결과가 있었을지 모른다. 그나마 다행인 것은 할아버지의 코에 있는 소시지를 떼어준 것이다.

나는 동화를 읽고 나서 걱정이 됐다. 혹시 나의 무지로 내 주변 사람들의 운까지 날려버리는 것은 아닌지, 인생을 잘살기 위해서 내가 그동안 해왔던 것들이 오히려 방해되었던 것은 아닐까 하고 말이다.

"만일 내 자녀에게 한 가지만 줄 수 있다면 어떤 것을 주겠는가?"에 대한 답을 간절하게 구하고 있다. 이는 "내가 인생을 잘살기 위해 꼭 필요한 것은 무엇일까?"에 대한 답이기도 하다.

필자는 이 답을 찾은 것 같다. 정답인지 확신은 못 하지만 그 방향성은 맞는다고 본다.

그것은 '삶의 목적을 아는 것'이다.

삶의 목적을 안다면 그 목적을 이루기 위해서 해야 할 일을 기꺼이 하게 된다. 그러기 위해서는 필요한 것을 배우고 익힐 것이다. 학교에서 억지로 머리에 넣는 지식이 아니라 자신에게 필요한 것을 배우고자 하는 학습 동기가 생길 것이다. 무엇이 필요한지 알아차리게 될 것이고 선택이 필요한 상황에서 어떤 것이 유리한지 알아차리게 될 것이고, 실수를 덜 하게 될 것이다.

목적을 아는 사람은 주변 환경이나 사람들에게 쉽게 좌우되지 않는다. 삶에서 어려움이 오더라도 좌절하기보다는 인생의 목적을 이루기 위해 다시 노력할 것이다. 이런 사람은 자신과 주변이 더불어 잘사는 것을 원할 것이다. 삶의 목적이 다른 이를 불행하게 하거나 해치는 것은 아닐 것이기 때문이다.

부모인 나부터 끊임없이 인생의 목적을 찾아야 하며, 내 자녀가 그런 사람이 될 수 있도록 교육해야 한다.

그러기 위해서는 인간의 능력과 재능에 대한 패러다임과 고정관념을 바꿀 필요가 있다. 또한 IQ와 EQ에서 확장된 지능개념의 정립과 미래인재의 필수 역량에 대한 이해가 있어야 한다.

2. 급변하는 사회

세계가 너무 급격히 변화하고 있다. 순식간에 우리의 일상에서, 많은 것들이 사라지며 생겨나고 있다.

사회, 경제, 행동, 심리 모두 달라지고 있다. 이럴 때일수록 뉴노멀(new normal, 새로운 표준)에 능동적으로 대응해야 한다는 점은 더욱 분명하다. 무엇보다도 '코로나 세대'인 우리의 자녀를 준비시켜야 한다.

코로나 세대는 주로 코로나19 사태 이후에 경제 활동을 하게 될 현재 재학 중인 초·중·고 대학생들이 속한다. 안타깝게도 이들에 대한 전망은 그리 긍정적이지 않다. 하지만 비관만은 할 수 없다. 여러 난제 속에서 자신들의 역량을 발휘하고 이겨낼 수 있는 능력을 키워야 한다. 위기 속에 기회가 있다는 것을 알고 그 기회를 확실하게 잡을 수 있어야 한다.

그럼 어떻게 해야 우리의 자녀가 그 준비를 할 수 있을까?

우리나라의 경제성장을 이끈 주역인 베이비붐 세대(1946년~1964년 출생자)에는 학교 공부가 매우 중요했다. 본인의 노력으로 높은 성적을 얻고 좋은 대학을 나오면 성공할 기회가 많았다. 그래서 공부를 잘하기 위해 피나는 노력을 했다. 그리고 그 대가는 사회, 경제적 성공이었다. 불과 얼마 전까지만 해도 교육 추세는 '세계화, 국제화 시대의 세계 지도자'로 키우기 위해 국제 매너, 외국어 역량 등을 핵심역량으로 강조해 왔다. 그러므로 아이들에게 가르쳐야 할 것도 분명한 편이었다. 학과목을 기본으로 하여 제2외국어와 IT 활용 능력, 예체능까지 세계 지도자로서의 기본 다지기에 집중했다. 고가의 사교육비 때문에 교육에도 빈부의 격차가 생기고 과도한 학업으로 아이들이 고통을 받는 부작용이 컸지만 그래도 이 방법이 옳은 듯 여겨졌다.

하지만 4차 산업혁명 시대라는 큰 이슈와 함께 혼란이 생겨났다. 미래학자들은 인공지능(AI)의 등장으로 인해 지금의 일자리 중 상당 부분이 사라질 것으로 예측한다. 사회적인 성공의 대명사였던 직업 대부분을 AI가 대신할 것이란 것이 확실하다. 인공지능과 4차 산업혁명이 사회를 근본적으로 변화시킬 것은 분명하고, 이미 무서운 속도로 변화하고 있다.

코로나가 발생한 지 2년이 지나가는 현재에도 주변을 돌아보면 너무나 많은 것이 달라진 것을 체감한다.

2020년에는 비대면 교육에 대해 부정적 의견이 많았고, 어쩔 수 없는 경우에 행하는 대안으로 여겼다. 강사들조차 비대면 강의를 회피하는 경우가 많았다. 하지만 반년이 지나지 않아 비대면 교육의 효과와 효율을 인정하면서 적절하게 활용하는 것을 보게 된다. 팔순의 어르신들이 줌(zoom)으로 하는 온라인 교육에 잘 참여하시고 스마트폰을 능숙하게 사용하시는 광경도 신기한 일이 아니다.

메타버스, 가상현실, 증강현실은 이제 흔한 단어가 되었다.

디지털 원주민(digital native)인 우리의 자녀를 제대로 알아야 한다. 세상과 아이들은 변하는데 부모만 그 자리에 머물러 있다면 어떤 일이 벌어질까?

차례

Contents

PART 4

이제는 실천이다

부록

PART

1

**변화는 이미
시작되었다**

Q1 나에게 미래란

이다.

Q2 내 아이는 앞으로

살았으면 좋겠다.

Q3 현 사회의 가장 큰 변화는

이라고 생각한다.

01

미래 사회의 변화

:: 1) 교육의 프레임이 바뀌고 있다

① 우리나라의 개정 교육과정

2021년 현재의 교육은 2015년 개정 교육과정으로 가장 큰 이슈는 문, 이과 통합이었고, 2021년 고3 학생들이 통합된 과정으로 첫 수능을 치렀다.

2015년 교육부는 학생들의 교과 과정을 개편하면서 핵심을 '창의 융합형 인재'로 제시하고, 이 교육과정을 통해 육성해야 하는 핵심역량 6가지를 내세웠다.

핵심역량 6가지는 다음과 같다.

①자기관리 역량 ②지식정보처리역량 ③창의적 사고역량 ④심미적 감성역량 ⑤의사소통역량 ⑥공동체 역량이다.

2021년 11월 교육부는 2022 개정 교육과정 총론 등 주요 사항을 발표하였다. 교육부는 디지털 기술의 발전과 4차 산업혁명의 가속화로 인해 급격한 사회변화가 나타났고 미래 사회의 불확실성은 더욱 증가하고 있어 이에 대응할 수 있는 미래인재 양성이 2022년 개정 교육의 목표라고 하였다.

2025년에 중고등학교에 입학하는 2012년생과 2009년생에게 많은 변화가 예고되어 있다. 2012년생이 중학교에 입학하는 2025년부터 중학교 1학년 때 실시하던 자유학년제가 한 학기 자유학기제로 바뀐다.

초·중·고 전체에 걸쳐 미래 세대 핵심역량으로 디지털 기초소양을 강조하는 것도 특징이다. 학교 급별 발달 단계에 따라 수학과 과학, 음악 등 모든 교과의 교육과 디지털 인공지능 소양 교육을 연계하겠다는 계획이다.

또한 초·중·고 모든 교과 과정에 생태 전환 교육과 민주 시민 교육이 반영된다. 생태 전환 교육은 환경과 인간의 공존을 추구하며 지속 가능한 삶을 살아가는 데 필요한 역량과 자질을 기르고, 민주 시민 교육은 학생이 자기 자신과 공동체적 삶의 주인임을 자각하고, 비판적 사고를 통해 자신이 속한 공동체의 문제를 해결할 수 있도록 지원한다.

'2022 개정 교육과정' 총론 주요 사항
- 더 나은 미래, 모두를 위한 교육 -

◆ 미래 변화에 대응하는 역량 및 기초소양 함양 강화
- 지속가능한 사회를 위한 생태전환교육 및 민주시민교육을 전 교과에 반영
- 미래 세대 핵심역량으로 디지털 기초소양 강화 및 정보교육 확대

◈ 학습자의 성장을 지원하는 고교학점제 등 학생 맞춤형 교육 강화
  – 학생들의 탐구 역량 강화를 위한 교과 재구조화 및 과목 선택권 확대
  – 학교급 전환시기의 진로 연계 및 학교생활 적응을 위한 진로연계학기 도입

◈ 현장의 자율적인 혁신을 지원·촉진하는 학교 교육과정 자율성 강화
  – 학교 자율시간 도입, 시도별 지역 교육과정 근거 마련 등 교육과정 자율성 확대
  – 초등학교 놀이 및 신체활동 강화, 중학교 자유 학기 운영 방안 개선

◈ 학생의 삶과 연계한 깊이 있는 학습을 위한 교과 교육과정 개발 방향 제시
  – 학습량 적정화, 비판적 사고 함양 및 탐구 중심으로 교수·학습과 평가 개선

백년대계라 했던 교육정책이 수시로 바뀌는 것에 대해 비판이 있지만, 빠르게 변화하는 사회를 반영하는 것은 바람직한 현상이라고 본다.

② OECD Education 2030 프로젝트

우리나라와 OECD 회원국을 비롯한 29개 국가가 참여하는 'OECD 교육 2030: 미래교육과 역량 프로젝트'는 2018년 현재 중학교에 다니고 있는 학생이 취업하고 사회에 진출하는 시기인 2030년 무렵에 필요할 것으로 예상되는 미래 핵심역량이 무엇인가와, 이를 어떻게 교육을 통해서 학생이 학습하고 역량을 키워갈 수 있도록 할 것인가라는 고민에서 출발한 사업이다.

OECD 교육 2030 프로젝트는 교육 혁신을 통해서 이루고자 하는 목적을 '개인과 사회의 웰빙(Individual and collective well-being)'으로 규정하고 있다. 이러한 배경에는 빠르게 변화하는 과학 및 산업 기술은 불평

등과 사회 분열의 심화, 자원 고갈의 가속화 등과 같은 사회·경제·환경 문제에 적극적인 대처를 하기 위해서는 분명한 목적과 방향성을 갖고 교육을 수행해야 한다는 믿음이 깔려있다고 볼 수 있다. 2019년 5월에 진행된 교육 2030 비공식 작업반(IWG) 회의에서는 아래 그림과 같은 학습개념틀(OECD Learnig Compass 2030)의 최종안이 발표되었다.

〈OECD 2030 학습나침반
(출처: 한-OECD 국제교육컨퍼런스 보도자료, 2019.10.23.)〉

　　위 그림에서 제시한 학습개념틀에서의 교육적 지향점을 개인과 사회의 웰빙(well-being)으로 잡고 있다. 그리고 미래 사회의 주체로 살아갈 학생들 개인이 갖추어야 할 주요 역량, 즉, 변혁적 역량(Transformative Competencies)으로 제시하고 있다. 구체적인 변혁적 역량으로는 새로운 가치 창조하기(Creating New Value), 긴장과 딜레마에 대처하기(Reconciling Tensions & Dilemmas), 책임감 갖기(Taking Responsibility) 등의 세 가지가 포함된다.

미래 사회에서는 새로운 가치를 창조할 수 있는 역량, 즉 창의적인 아이디어를 통한 경제 활동과 새로운 생활방식, 사회적 모델 등을 개발할 수 있는 능력을 중요하게 여긴다.

새로운 사회에서도 다양한 갈등이 발생할 수 있다. 상호의존적일 수밖에 없는 인간사회에서 긴장과 딜레마에 적극적으로 대처하고 해소하는 능력은 개인과 사회의 웰빙을 실현하기 위해 꼭 필요한 역량임을 설명하고 있다.

마지막으로 책임감 갖기는 개인의 행동에 의한 결과를 예상하고 그에 따른 성과와 실패를 분석하고, 이에 대한 책임을 지고 수용할 수 있는 능력으로 설명된다.

변혁적 역량은 예측/기대(Anticipation), 행동/실행(Action), 반추/숙고(Reflection)의 'A-A-R 싸이클'을 통해서 길러지는 것으로 보고 있다.

또한 다양한 역량을 키울 수 있도록, 인지적, 사회적, 정서적, 신체적 기초를 다지는 것과 핵심기초능력의 중요성을 강조했다. 구체적인 핵심기초능력으로는 문해력, 수리력, 디지털 리터러시, 데이터 리터러시, 건강 리터러시가 있다.

우리가 주목해야 할 것은, KSA(지식, 기능, 태도) 같은 기초역량은 여전히 중요하지만, 미래 사회의 인재가 갖춰야 할 지향점을 변혁적 역량이라고 보고, 학생의 자기 주체성을 강조한 점이다.

:: 2) 미래 사회의 일자리

2017년에 많은 사랑을 받았던 드라마 중에 '도깨비'가 있다. 불멸의 삶을 끝내기 위해 인간 신부를 기다리며 900년을 넘게 살아온 도깨비의 이야기이다. 주인공인 도깨비는 신에 버금가는 능력이 있고, 멋진 집, 명품 옷, 고가의 자동차를 가진 부자이다.

조선 시대에 살던 주인공이 주막에 앉아 시종에게 말하는 장면이 있다. "이젠 하다 하다 저 먼 생도 앞서 보는구나. 벼루 반만 한 고철을 갓 태어난 아기 대하듯 어루만지고, 연모하는 이를 대하듯 소중히 지니는 구나. 시꺼멓기도 하고 시퍼렇기도 한 그것이 아주 널리 쓰일 모양이다. 기억하거라. 이렇게 생겼다. 투자할 일이 생기면 크게 하거라." 여기서 벼루 반만 한 고철은 스마트폰이다. 재밌게 이 장면을 보면서, 도깨비가 미래의 정보를 미리 알아서 부자가 됐다고 생각했다.

드라마의 설정이 아니더라도 우리는 정보(데이터)가 돈이 되는 세상에 살고 있다. 구글이 검색엔진을 통해 막대한 돈을 끌어모으고 있고, 주식이나 부동산 투자에 관련된 정보를 제공하는 사람들이 돈을 벌고 있다.

이 시대는 너무나 급박하게 변화하고 있다. 정보가 두 배가 되는 기간이 농경사회에서는 3000년, 산업사회는 200년, 정보화 사회는 50년, 후기 정보화 사회는 15년, 현재는 70여 일이 걸린다고 한다. 정보가 돈이 되는 시대이면서, 정보가 넘쳐나는 시대에 살고 있고, 그 변화의 속도는 예측이 불가할 정도이다. 이러한 현실에서 미래 사회를 내다보고 대비할 수 있을까? 어쩌면 불가능할지도 모른다. 하지만 한 가지는 확실하지 않은가? 예전 사회의 부모 역할 즉 학교 성적과 대학 졸업장이 중요하다고 생각하는 기존의 교육 방법으로는 답이 없다는 것이다.

그러나 지금도 여전히 많은 사람이 명문대 졸업장을 필수로 여긴다. 명문대를 졸업하면 좋은 직장을 구하고, 높은 연봉으로 풍족한 삶을 살 것으로 기대한다.

2020년 교육부 대학 알리미 조사에 의하면, 4년제 대학교 졸업생 취업률 1위 한국기술과학대학교(84.7%), 2위 목포 해양대(81.3%), 3위 경동대(79.3%), 4위 을지대(79.3%)이다. 서울대의 취업률은 70.9%로 20위이다. 고려대와 연세대는 각각 73.3%와 72.5%의 취업률을 보인다. 졸업생의 수와 관계없이 취업률만 본다면, SKY 대학 졸업은 답이 아니다.

좋은 회사에 당당히 입사했다고 안심할 수 있을까? 기업의 간부들은 요즘 신입사원의 문제해결력이나 의사소통 능력이 떨어진다고 하소연이다. 완벽한 스펙을 쌓은 사람들이지만 기업이 바라는 인재가 아니다. 그리고 대기업에 입사했다고 만족하지 않는 게 요즘 세대이다. 2016년에 SBS에서 방영한 '요즈음 젊은것들의 사표'라는 다큐멘터리를 보면 격세지감을 느낀다. 그렇게 어렵게 취업하고서 과감하게 사표를 내는 젊은 이들이 많다는 것이 놀랍다. 1980년대 초부터 1990년대 중반 출생자인 M 세대의 특징이 이런데 우리 아이들은 어떠할까?

M 세대의 부모들조차 자녀교육에 대해서는 그들의 부모 세대의 패러다임을 고수하고 있는 경우가 많다. 30대와 40대 부모의 걱정이 크게 다르지 않다.

많은 학부모와 학생들은 여전히 시험 성적에 연연하고 있다. 만약 단순히 자녀의 성적이 잘 나오지 않는다는 이유로 학원을 더 보내야 하는지 의문을 품거나, 수학은 선행학습을 시켜야 공부를 잘한다는 누군가의 말에 심각하게 고민을 해본 적이 있다면, 그 부모는 여전히 20~30년 전의 사고방식을 가진 것이다.

물론 학교 성적은 중요하다. 학생이 최선을 다해서 공부하는 것은 그 인생에서 중요한 기본기에 해당할 것이다. 그러나 성적 지상주의는 말이 다르다.

노래에 재능이 없는 아이에게 노력하면 오디션에서 우승할 수 있다고 권하는 어른은 없다. 그런데 열심히 공부하면 최고의 성적을 받을 수 있다며 아이들을 채근한다.

공부에도 재능이 있다. 학교 공부는 최고가 아니라 최선을 다하는 것에 가치를 두어야 한다. 공부의 과정을 즐길 수만 있다면 그 과정에서 인생을 잘살 수 있는 기본기를 닦게 되는데, 현재의 교육은 여전히 대학입시에 도움이 되는 방향으로 치우쳐 있다. 대학입시에 대한 원론적인 비판을 하고자 하는 게 아니다. 이제는 정말로 사고의 틀이 바뀌어야 한다는 것이다.

『직업의 종말』을 쓴 테일러 피어슨은 "대학을 졸업해서 평범한 직장인이 되는 시대는 끝났다"라고 말한다. 그 세 가지 이유를 다음과 같이 설명하고 있다.

첫째, 통신기술이 급격히 발달했고, 전 세계 교육 수준이 향상되어

기업들이 특정 국가나 지역에 구애받지 않고 인재를 고용할 수 있게 되었다.

둘째, 산업사회에서는 기계가 노동자들의 직업을 앗아갔지만, 최근에는 인터넷이 사무직 종사자는 물론 전문직까지 위협하고 있다.

셋째, 대학학위(학사, 석사, 박사)의 가치가 낮아졌다. 20세기에는 고학력이 좋은 직업을 얻는 확실한 방법이었지만, 21세기는 사업가적 자질로 무장된 창업이 해결책이다.

테일러 피어슨의 주장이 아니더라도 우리는 이미 변화가 시작되었음을 안다.

현대과학이 만들어 낸 인공지능(AI)은 이미 인간의 영역을 뛰어넘었다. 유일하게 알파고에 한판 승리를 거둔 세계 최고 바둑의 고수인 이세돌은 훗날 알파고보다 실력이 아랫급인 다른 AI와 바둑을 두고 은퇴했다.

인간은 바둑을 두다가 실수를 하거나 감정에 휘둘려 착각하기도 하고 스스로 화를 내기도 하며, 수를 아무리 잘 읽어도 곧 잊어버리거나 몇 번씩 반복 확인을 한다. 그러나 AI는 피로를 느끼거나, 감정에 휘둘려 흥분하거나 절망하지도 않는다. 정확하게 계산하여 바둑을 두기 때문에 거의 신과 같은 영역에 있는 것처럼 보인다.

좌뇌를 사용하는 이성적인 영역에서 인간은 인공지능을 따라갈 수 없다. AI는 정보저장도 기억도 인간을 능가한다. 인간이 만들어 노동을 대신하게 하는 산업로봇부터 의학에 사용되는 수많은 정밀 의술 로봇, 사람 대신 어려운 일을 감당하는 로봇들은 어느 틈엔가 우리 곁에 마치

반려동물처럼 친밀하게 와있다. 곧 세상에 출시되려고 지금도 전 세계를 돌아다니는 자율주행 자동차들은 먼 길을 운전해야 하는 운전자들에게 뭐하면서 놀지 선택하게 한다. 잠을 자거나 게임을 해도 된다.

이제는 명랑하고 낙관적인 사람들의 아이템이 큰돈을 벌게 하는 시대가 올 것이다. 스티븐 스필버그의 SF 영화 '레디 플레이어 원'에서 주인공은 현실에서는 가난한 이모 집에 얹혀사는 20대이다. 그러나 망가진 중고차 더미 속에 숨겨놓은 좁은 공간에서 VR을 통하여 다른 세계를 넘나든다. 그곳에서 그는 무엇이든지 원하는 것은 다 할 수 있다. 예쁜 여자친구도 만나고 대기업회사 회장이 유언으로 만든 가상세계에서 문제를 풀 때마다 그곳에서 받은 상금을 현실 세계로 가져온다. 실제로 우리 아이들도 가상세계에서 돈을 쓰기도 하고 벌기도 한다.

AI로 인해 직업에 큰 변화가 일어났다. AI는 현재 좌뇌 중심의 직업을 대부분 대신할 것이다. 의사, 회계사, 변호사, 심판, 검사, 교수, 은행원, 특히 제조업에서는 상상하지 못할 고용 해체가 발생할 것으로 보인다.

누군가를 돌보는 상담사들과 같은 인간 내면의 마음을 다루는 사람들은 오랫동안 살아남겠지만 그 또한 모르는 일이다.

이미 가상 인간(디지털 휴먼)이 가수, 패션모델, 유튜버, 생방송 아나운서의 영역까지 진출했다. 가상 인간을 미래 세상에 공존할 '신인류'라고 보기도 한다. 영원히 늙지도 않고, 현시대에 통하는 외모와 매력, 그리고 사고 치지 않는 가상 인간에 대기업들이 주목하고 있다.

좋은 대학을 졸업해도 좋은 직장에 취직한다는 보장이 없다. 좋은 직장을 갖는 것이 성공이라는 등식이 깨졌다.

분명히 교육에 대해서는 사고의 전환이 필요하고 그 방법에 대해서도 혁신이 필요하다는 것에는 공감대가 형성되고 있다.

그러나 그 방법에 대해서는 명확한 대책이 없다. 미래학자 등 여러 전문가의 세미나를 듣고 정보를 찾아봐도 결국은 더 혼란스럽다. '어떻게 교육해야 할까?'에 대한 답이 분명치 않다. 그것이 '어떤 직업을 위해 공부를 해야 하나?'라는 물음이면 더욱 답이 없다. 우리 아이들이 살아갈 미래 시대를 정확하게 예측할 수 있는 사람은 아무도 없기 때문이다.

농경사회 이후로 꾸준한 사회변화가 있었지만 현 4차 산업혁명의 시대에는 그 양상이 다르다. 최근의 코로나19는 이러한 불확실성을 더욱 가중시켰다. 포스트 코로나라고 해서 이런저런 이야기를 내놓고 있지만 대부분 이미 알고 있는 이야기이거나 뾰족한 대책이 없는 추상적인 사실을 언급한다. 이처럼 우리는 너무 큰 혼란의 시대를 살아가고 있다. 바야흐로 '초불확실성의 시대'이다.

이제는 질문이 바뀌어야 한다.

'무엇을 위해 살아야 할까?', '삶의 목적은 무엇일까?', '이 변화의 시대를 잘 살아가기 위해 나와 우리 아이들에게 필요한 것은 무엇일까?'라는 근본적인 것을 물어야 한다.

02

새로운 가치를 탄생시킨 '코로나'

:: 1) 어떻게 살아가야 할까?

유럽에서는 14세기에 페스트로 인해 2,500만 명이 목숨을 잃었다. 그 이후 세계 1차 대전으로 4년 동안 1,500만 명이 사망하였는데, 이 처참한 전쟁은 스페인독감으로 갑작스럽게 종전된다.

스페인독감으로 전쟁사망자의 네 배가 넘는 5,000만 명이 사망하였다. 단 4~5년 사이에 6,500만 명의 유럽인들이 전쟁과 독감 바이러스로 사망했다. 그리고 종전 후 유럽은 미국 경제공황이라 불린 미국경제시장의 대폭락에 맞물려 모든 국가의 경제가 초토화되었다.

1차 세계대전의 패전으로 전쟁배상금에 허덕이던 독일은 다시 1939년 9월 1일 2차 세계대전을 일으켰다.

2차 세계대전에는 1945년 9월 2일 종전까지 군인 1,600만 명, 민간인 4,500만 명이 사망하였다. 그러니까 유럽에서만 1, 2차 세계대전 기간인 40년 동안 1억 2천 600만 명이 사망한 것이다.

2차 세계대전 당시, 독일이 600만 명의 유대인들을 학살한 아우슈비츠의 가스실과 전쟁으로 인한 인간 살상의 만행들은 유럽인들에게 질문을 던졌다.

"인간이란 무엇인가?"

인간의 실존을 묻는 학문적 사조가 실존주의 철학이다. 전쟁을 겪으면서 인간의 생명이 의미조차 없이 살상을 당하는 것을 보면서 사르트르나 하이데거, 야스퍼스나 유신론적 철학자인 키르케고르를 포함하여 당대 최고의 사상가들은 인간의 실존에 대해서 말을 쏟아내기 시작하였다.

큰 전쟁이나 인류가 함께 겪는 대재앙들은 항상 질문을 만든다.

바로 "왜?"라는 질문이다.

2020년 인류는 코로나라는 바이러스로 인하여 큰 고통을 겪고 있다. 사람들이 서로 병을 옮기고 노인들이 사망하기 시작하고 국가 간, 도시 간이 상호 통제되며 경제가 마비되었다.

인류는 이러한 대재앙의 유행 앞에서 또다시 "왜"를 묻지 않을 수 없었다. 인류가 스스로 만들어 놓은 문명의 결과에서 비롯된 것임을 알기 때문이다.

그러나 이제 인류는 "왜" 대신 "어떻게"를 묻기 시작하였다. "어떻게 살아야 하나?"인 것이다.

코로나는 새로운 세계를 만들고 있다.

앞으로 인류를 생존하게 할 새로운 가치가 나타났다. 바로 안전성, 청결성, 신뢰성이다. 이 세 가지 실용적이며 정신적인 가치를 갖춘 나라는 세계를 구원할 지도자가 될 것이고 이 셋 중에 하나라도 가지고 있지 못하다면 아무리 땅이 넓고 인구가 많아도 후진국으로 전락하게 될 것이다.

새로운 가치를 실현할 수 있는 리더의 역량이 무엇인지 숙고해 본다면 자녀교육의 방향성이 보이지 않을까?

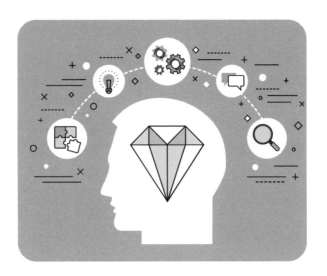

누가 미래인재인가

Q1 미래 시대를 살아가기 위해 꼭 필요한 것이 있다면 무엇일까요?

Q2 절대로 변하지 않는 무엇이 있다면 그것은 무엇일까요?

Q3 내 자녀가 어떻게 살아가기를 원하나요?

01

인재의 조건이 달라지는 미래 시대

:: 1) 스펙이 전부가 아니다

기업의 인사담당자와의 대화가 기억난다. 그 기업은 중견기업에서 대기업으로의 성장을 목표로 인재 영입에 총력을 기울이고 있었다. 실력자들은 대기업을 선호하기 때문에 인재를 뽑기가 어렵던 차에, 드디어 유학파의 실력을 갖춘 인재가 입사했다고 흐뭇해했다. 성공하는 인재의 역량에 대한 논문을 준비하고 있던 필자는 그 신입사원의 스펙과 역량에 대한 정보를 부탁했다.

그런데 한 달도 지나지 않아서 예상과는 다른 이야기를 들었다. 신입사원의 입사 첫날, 부모님이 같이 오셔서 아들을 잘 부탁한다고 전체 부서에 떡을 돌렸단다.

"부모님이 같이 오신 것도 당황스러웠지만 어머니 뒤에 서서 히죽 웃고 있는 그 사원을 보니 심장이 뚝 떨어지는 것 같았어요. 저 녀석이 과연 일은 잘할까 싶고, 제대로 인재를 뽑은 것은 맞나 걱정되더라고요."

그 후에도 인사담당자의 하소연은 지속됐다. "그 사원은 알아서 하는 게 없어요. 회식을 가도 막내가 상전이에요. 숟가락 놓기를 하나, 고기 굽기를 하나… 구워 놓은 것만 집어 먹길래 고기를 구우라고 시켰더니, 한 번도 해본 적이 없어서 못 한다네요." 요즘 세대는 회식도 참석 안 하려고 하는데 그래도 참석은 했으니 다행인 거 아니냐며 같이 웃었다. 그 사원이 기대한 만큼의 성과를 내지 못했다는 근황을 들은 뒤에는 인재의 선발 기준에 관한 이야기를 나누었다.

기업의 인재 선발 방식이 바뀌고 있다. 구글은 역사상 단시간에 가장 혁신적이고 성공한 기업의 대명사가 되었다. 높은 급여와 직무환경 등이 세계에서 가장 일하고 싶은 직장으로 선정되고, 2007년에는 매달 10만 건의 입사지원서가 쇄도할 정도였다.

구글도 기업 초반에는 입사지원자의 SAT(대학 수능시험에 해당) 점수, 학교 GPA(내신성적에 해당), 최종 학위 등을 검토해 최상의 조건을 가진 인재를 뽑았다. 그러나 2000년대 중반에는 고용 결과가 경영진의 예상과는 다르다는 것을 알게 됐다. 기존의 채용 기준이 재능 있는 지원자를 선별하지 못한다는 것을 감지하고 인재 선발 기준을 바꿨다.

기존에 중요하다고 여겼던. 영어 실력과 지식 등의 스펙은 인공지능으로 대체할 수 있다. 기업이 원하는 인재는 점점 어려워지는 기업 환경 속에서 기업을 살릴 수 있는 사람이다. 즉, 누구든 대신할 수 없는 존재이다. 그렇다면 누구든 대신할 수 없는 사람의 역량은 무엇인가, 그리고 어떡해야 그런 역량을 키울 수 있을까에 대한 질문과 답이 필요하다.

:: 2) 미래인재의 핵심역량

현재 사회를 나타내는 말 중에 '뷰카(VUCA)'라는 것이 있다. 이는 변동적이고 복잡하며 불확실하고 모호한 사회 환경을 뜻한다. 변동성(Volatility), 불확실성(Uncertainty), 복잡성(Complexity), 모호(Ambiguity)의 앞 자를 딴 약자로 1990년대 초반 미국 육군 대학원에서 처음 사용되기 시작했다.

4차 산업혁명에 대해 강조하던 3~4년 전만 하더라도 변화에 대한 체감은 덜했던 것 같다. 그저 뭔가 많이 달라지긴 할 것 같지만 아직 닥치지 않은 미래의 일로 생각됐다. 그러나 코로나로 인해 이러한 불확실성과 복잡성을 가속하고, 변화에 대한 불안과 불안정성을 체감하고 있다.

코로나를 겪으면서 정말 많은 것이 변했다. 코로나19 사태가 진정되더라도 또 어떤 변수로 인해 사회 격변이 생길지 모른다. SF 영화에서나 보던 것들이 실재가 될 수도 있다는 불안감이 생긴다.

잘나가던 가게가 문을 닫고 여기저기서 힘들다고 하소연이다. 그런데 이런 상황에서 대박을 내는 사람도 있다. 남들은 망하는 시점에서 승승장구하는 경우는 단순히 운이 좋다고 해야 할까?

우리 부모 세대는 그럭저럭 버티면서 가더라도 내 자녀가 활동할 시대는 어떨지 이만저만 걱정이 아니다. 우리의 자녀에게 어떤 능력을 키워줘야 새 시대를 살아갈 수 있을까? 이러한 시대에서 살아남기 위해서는 새로운 개념의 인재상을 주목해 볼 필요가 있다.

우리를 에워싼 변화의 소용돌이를 감안하면, 점점 더 많은 리더가 주변을 돌아보며 이런 말을 하게 될 것이다.

> *"이건 전혀 새로운 상황이고, 우리는 이제 새로운 도구가 필요해."*
> *- 『리더의 심장』 중*

미래 시대에 기본으로 갖춰야 할 역량은 무엇일까? 미래학자들조차 확실한 답을 내놓지 못하는 것은 당연하다. 너무나 많은 변수가 있기 때문이다. AI와 메타버스를 이야기하는 최첨단 시대에 코로나로 인해 고통을 겪을 것이라고 누가 예상이나 했을까? 예측할 수 없는 변화를 완벽히 대비하는 것은 불가능하다. 하지만 변화에 능동적으로 대처할 수 있는 능력이 있다면 어떨까? 서퍼들이 완벽한 평형감각과 기술 그리고 정확한 타이밍으로 파도를 타듯이, 어떤 상황에서도 대처할 수 있다면 많은 문제가 해결될 것이다. 그렇다면 그 능력은 무엇일까?

그 능력의 기본은 '자기주도력'이다.

자기주도력이란 '스스로, 자신의 힘으로 모든 것에 대한 주체가 되어 리드해나가는 능력'을 말한다. 모든 것의 주체가 되어 리드해 갈 수 있는 사람은 자신이 처한 상황에서 최대한의 결과를 낼 방법과 해결책을 찾아낼 수 있다.

내 자녀만큼은 어려움 없이 살아가길 바라는 것이 부모의 마음이지만, 인생이란 것이 그럴 수만은 없다는 것을 안다. 살아가다 어려움이 닥치더라도 자신의 힘으로 이겨내고 성장하길 바랄 뿐이다. 그럴 수 있는 능력, '자기주도력'을 키우는 데 집중해야 한다.

우리가 흔히 알고 있는 자기주도학습은 자기주도력의 일부라고 보면 된다. 한때 교육계에 자기주도학습 열풍이 불었다. 학습지, 학원뿐 아니라 유치원까지 자기주도학습을 홍보의 수단으로 사용했다. 하지만 그 개념을 제대로 이해하지 못한 경우가 많아, 그 효과를 보지 못하고 오히려 공부에 대한 학생들의 거부감만 커졌다.

학생이 공부에 대한 주체가 되어 학습을 리드해가는 것이 자기주도학습이다. 자기주도가 되는 학생은 스스로 학습 목표를 세우고, 효과적인 학습 방법을 찾아서 공부한다. 결과에 따라 자신의 목표와 방법을 피드백(수정 또는 보완)하고 실력을 성장시켜 나간다. 이런 학생이 어른이 된다면 업무에도 자기주도학습 프로세스를 적용하여 처리할 것이다. 스스로 목표를 정하고 방법을 찾을 수 있으니 변화에도 쉽게 적응할 수 있을 것이다.

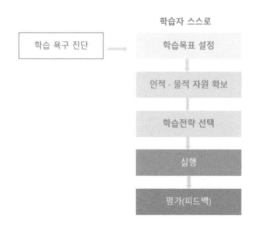

〈자기주도학습 프로세스〉

자기주도력을 신장시키는 교육 방법은 다양하다. 그중에서 내 아이에게 맞는 것을 찾아 꾸준히 실천하면 된다. 단, 내 아이에게 맞는 방법이라는 것이 중요하다. 부모도 끊임없이 공부해서 올바른 정보를 분별해 낼 수 있어야 한다. 무작정 남의 이론을 따라가다 보면 부작용이 생긴다.

'초등학교 1학년인 딸 윤정이가 자꾸 받아쓰기를 실수해서 온다. 받아쓰기 틀리는 거야 큰 문제가 아니지만, 아는 것을 틀리니 아이의 자신감이 떨어질까 걱정이다. 자기주도학습의 기초능력 중 자신감과 자기효능감이 있다는 것을 들으니 더 근심이 든다. 몇 번 복습을 시키고 아는 것을 확인했는데도 막상 시험을 보면 틀린다. 답답한 마음에 같은 반 혜련이 엄마에게 하소연했다. 그리고 시험 직전에 복습하는 게 필요하니 아침 일찍 깨워서 한 번 더 공부시키면 백 점을 맞을 거라는 해결책을 받았다. 혜련이의 백 점 비결인 아침 공부를 당장 시작했다.
아침 공부는 윤정이가 스트레스성 장염으로 입원하면서 중단됐다.'

필자에게 자기주도학습코치 수업을 듣던 수강생의 사연이다.
윤정이를 만나보니, 매우 명석한 아이였다. 초1의 학습 과정을 어려움 없이 익혀낼 수 있었다. 다만 예민하고 소극적인 성격을 가졌다. 실수로 받아쓰기를 틀려서 속상했는데, 엄마의 반응으로 더 불안해졌다. 이러다 공부도 잘하지 못하고 맨날 엄마에게 혼날 것 같은 두려움이 생긴 것이다. 엄마는 별로 혼도 안 냈다고 생각했지만 예민한 딸아이는 크게 야단맞을 짓을 한 것으로 느낀 것이다. 더구나 아침잠이 많아서 등교 시간도 겨우 맞추던 아이에게 아침 공부를 강요했다. 같은 반 친구는 아침에 일찍 일어나서 공부하는 것이 효과적이었겠지만, 윤정이에게 아침 공부는 고문과도 같았다. 평소 엄마 말을 잘 듣는 착한 딸답게 시키는 대로 했으나 결과는 좋지 않았다.

정보가 돈이 되고 능력인 시대가 맞다. 하지만 그 속에서 내 것을 찾아낼 수 있어야 한다. 특히 자녀교육에서는 분별할 수 있는 부모의 현명함이 필수이다. 다양한 정보를 찾고 내 아이에게 적용하려고 고민하다 보면 그 방법을 알 수 있다.

자기주도력을 가진 인재가 되기 위해 갖추어야 할 역량을 구체적으로 살펴보면, 보통 세 가지로 표현할 수 있다.

'기초소양', '기초역량', '핵심역량'이다.

기초소양은 주로 가정에서 부모가 키워야 하는 것으로, 인성 요소에 해당한다. 인내심, 성실함, 회복탄력성, 내적 동기, 몰입력, 협동심 등이다. 이의 대부분은 정서지능(EQ)에 해당한다.

기초역량은 주로 학교에서 길러지는 학습 능력을 의미한다. 문해력, 수리력, 디지털사용능력, 문제해결력 등이 대표적이다. 일반지능(IQ)이 높은 사람이 기초역량을 키우는 데 유리하다.

핵심역량은 다른 사람과 차별되어 그만이 가지고 있는 대체 불가한 능력이다. 이는 영성지능(SQ)에 해당한다.

IQ, EQ, SQ에 대해서는 다음에서 자세히 살펴보겠다.

여기서 잠깐 역량(Competency)의 개념에 대해서 알아보자. 역량의 사전적 의미는 '어떤 일을 해내는 힘'이다. 역량이란 특정한 상황에서 요구되는 문제를 개인의 태도나 동기, 감정 등과 같은 행동적 및 사회적 요소뿐만 아니라 선천적, 인지적인 기술을 동원하여 성공적으로 해결하는데 필요한 능력을 의미한다. 실력이나 능력보다 상위의 구체적 개념이지만, 혼용되어 쓰이고 있다. 실력에 해당하는 지식이나 스킬은 단기간의 노력으로도 신장 가능하며, 역량 중에 보이는 부분이다. 지식과 스킬을 발산해 극대화할 수 있는 태도는 보이지 않는 역량에 해당하고 단기간에 키울 수가 없다. 핵심역량(Core Competency)이란 오늘날과 같이 복잡한 사회에서 수시로 당면하게 되는 도전적 문제 해결 상황에 대응하기 위해 개인이 갖추어야 하는 필수적인 역량을 의미한다.

과거 산업사회에는 기초역량만으로 살아갈 수 있었다. 공부를 잘하면, 대기업에 입사하거나 의사, 판사, 검사 등으로 사회의 핵심 인물이 되었다. 기초능력이 훌륭해 대기업에 들어가면, 기업연수를 통해 핵심역량을 기를 기회가 있었다. 그러나 현재 사회에서는 이미 핵심역량을 갖춘 인재를 원한다. 헤드헌터를 통해 역량이 검증된 사람을 스카우트한다. 글로벌 경제 시대에 나라의 경계도 허물어져서 외국의 인재도 영입할 수 있다. 기업연수를 통해 인재를 키우는 것보다 비용과 시간이 절감된다.

이러한 현실을 무시하고 여전히 산업사회의 교육 패러다임으로 성적과 학벌 위주의 공부만을 중요시한다면, 대체 가능한 인력을 키우는 데 힘을 쓰는 것이다. 언제든 실력이 더 나은 사람에게, AI에게 밀려날 수 있는 자리에 내 아이를 앉히고 싶은가? 대체 불가능한 핵심역량을 키우는 데 힘써야 한다.

이제는 정말로 교육이 변해야 한다. 그리고 그 변화의 중심에는 부모가 있어야 한다.

부모는 변화의 큰 물줄기를 타지만, 작은 물결에 흔들리지 않는 강인함이 있어야 한다. 작은 물결에 흔들리지 않기 위해서는 절대 변하지 않는 근본을 찾을 수 있어야 한다. 완벽하게 예측하여 대비할 수 없는 세상에서 변화에 유연하게 반응하는 힘이 무엇인지 알아야 한다.

02

지능을 이해하면 길이 보인다

9번째 지능이 높은 사람들은 주위 환경이나 상황들을 큰 그림 일부분으로 본다. 요즘 유행하는 일명 '빅픽쳐'를 그릴 줄 아는 것이다. 이런 평정심과 넓은 시야 때문에 리더가 되는 경우도 많다. 이 지능은 삶에 대한 철학이고 인생을 바라보는 관점이기도 하다. 타인을 이해하고 공감하는 능력이고 사회정의를 추구하는 지능이다. 결국 이 지능이 높으면 다른 지능들을 가지고 무엇을 해도 사회에 이로운 일을 할 수밖에 없다.

－조세핀 교수 KBS1 수요기획 '세상을 바꾸는 9번째 지능' 중

:: 1) 다양한 지능이론

예전에는 과학적 수치로 검증할 수 없는 학문의 분야는 서방세계로부터 푸대접을 받았다. 그러나 지금은 IQ로부터 EQ(감성지수), SQ(사회지수), NQ(관계지수), FQ(경제지수), AQ(역경지수)에 이어 영성지능인 SQ(Spiritual Quotient)까지 진단하는 시대가 되었다.

대표적인 지능이론을 살펴보겠다.

① IQ(Intelligence Quotient: 지능지수, 일반지능)

과학의 발달로 인해 신비에 싸여있던 인간의 뇌에 대한 비밀이 밝혀지고 있다. 20세기 초에는 합리적이고 정보화된 지식과 두뇌 능력 측정의 최고의 도구로 IQ(Intelligence Quotient)를 중요하게 여겼다.

지적·이성적 지능은 사람들이 논리적인 문제나 전략적인 문제를 해결할 때 사용하는 능력이다. 학자들은 지적 능력을 측정할 수 있는 여러 검사를 개발했고, 이러한 검사들은 사람들을 지능지수 또는 일반지능이라고 불리는, 즉 IQ라는 지능의 수준에 따라 분류하는 수단이 되었다.

한때 머리가 좋고 나쁨을 IQ 검사의 결과로 판단하였다. 이는 한 개인의 IQ가 높을수록 그 사람의 지적 능력이 높다는 것이다. 하지만 IQ와 학업 성취도와의 상관관계가 낮고, 더구나 사회적인 성공과는 더욱 상관관계가 낮은 것이 밝혀지면서 IQ 지수에 대한 비판이 생겨났다.

② EQ(Emotional Quotient: 감성지수, 정서지능)

감성지수(또는 정서지능이라고 불림)는 인간의 감성, 정서적인 능력을 재는 척도를 말한다.

1990년대 중반에 대니얼 골먼은 정서와 정서지능(EQ)이 지능지수만큼 중요하다는 것을 발표하고 열풍을 일으켰다. EQ로 인해 사람은 자신과 다른 사람의 감정을 인식할 수 있다. 언어적 정의에서는 이성과 감정을 명확하게 구분할 수 있다.

이성은 합리적인 지적 사고 능력이지만, 감정은 통제하기 어렵고 변덕스러운 정신 활동이라고 정의한다. 하지만 뇌를 명확하게 이성을 관장하는 부분과 감정을 관장하는 부분으로 나누기가 어렵다. 뇌는 여러 부위가 긴밀하게 상호작용하는 네트워크이다. 뇌 속 네트워크에는 편도체나 줄무늬체처럼 감정에서 중요한 역할을 담당하는 부위들이 뇌의 많은 부분에 영향을 미친다. 그러기 때문에 뇌는 감정의 영향에서 벗어나기 힘든 구조이다.

이처럼 뇌 속에는 이성과 감정이 얽혀 있으므로 흔히 이성으로 간주하는 활동도 감정의 영향을 받는다.

감정을 일으킨 사건이 오랫동안 기억에 남는다.

필자는 중학생 시절 국어 시간에 불합리하게 벌을 받은 기억을 오랫동안 간직하고 있었다. 주판으로 머리를 쓸어내는 벌을 받았는데, 주판을 머리에 문지르면 아프기도 했지만, 너무나 수치스러웠다. 그 뒤 주판만 보면 기분이 나빠져서 주산학원도 그만두었다. 아주 오랫동안 그 선생님의 오이같이 길쭉한 얼굴(이는 나의 불쾌한 감정에 의한 왜곡일 가능성이 크지만), 그때의 수치와 교실의 모습이 생생하게 떠올랐다. 주판을 보면 머리가 지끈거리는 듯한 느낌이 사라진 것은 마흔을 넘기고 공부한 NLP 덕분이다.

이처럼 오랜 시간이 지나도 생생하게 기억나는 경험에는 감정이 결부되어 있다. 어째서 우리 뇌는 감정에 이토록 큰 영향을 받게 됐을까? 그 이유는 감정이 외부의 사건이 나에게 어떤 의미인지 알려주고, 그 의미에 맞게 움직이도록 동기를 부여하기 때문이다.

'아이오와 도박 과제'라는 실험이 있다. 실험 참가자에게 4장의 카드를 제시하고, 한 번에 1장을 골라 뒤집어보게 하는데, 2장은 좋은 카드이고 나머지 2장은 나쁜 카드이다. 4장 중 2장을 뒤집다 보면 돈을 얻고, 나머지 2장을 뒤집다 보면 돈을 잃게 된다. 참가자들은 대개 10번쯤 뒤집고 나면 어떤 카드가 좋은지 몸으로 인지하기 시작한다. 나쁜 카드를 고를 때면 자기도 모르게 긴장해서 땀이 나고 긴장을 한다. 50번쯤 뒤집고 나면 그냥 이유 없이 '이 카드는 좋고, 저 카드는 싫다.'라는 감정을 느끼게 되며, 80번쯤 뒤집고 난 후에는 이성적으로도 어떤 카드가 좋은지 알게 된다.

하지만 감정에서 중요한 역할을 하는 편도체나 안와전두엽이 손상된 환자들은 나쁜 카드를 고를 때 피부에서 땀 분비가 늘지 않으며, 좋은 카드를 더 자주 고르지도 못한다.

어떤 객관적인 사실이 나에게 좋은지 나쁜지를 알려주고 그에 따라 움직이게 하는 것이 감정인데, 이 환자들은 감정을 활용하지 못하기 때문이다. 이는 아무리 IQ가 높아도 감정이 없으면 그 이성은 제 능력을 발휘하지 못한다는 실험적 증거이다. 그러니 EQ(감정)는 IQ(이성)를 효과적으로 활용할 수 있는 필수요소이다.

조수아 프리드먼은 저서 『리더의 심장』에서 정서지능의 중요성에 대해서 강조하였다.

조수아 프리드먼은 비영리단체인 식스세컨즈의 대표로서 정서지능 분야의 세계적인 권위자이다. 식스세컨즈에서는 세계적인 심리학자이자 감성지능의 대부 대니얼 골먼의 주도로, 1990년대 미국 캘리포니아의 영재학교 누에바 스쿨 선생님들이 주축이 되어 시작한 식스세컨즈 EQ 프로그램을 창안하여, 정서지능 강화 프로그램을 운영하고 있다.

이 단체가 2006년 이후 전 세계의 회사의 리더를 대상으로 한 설문에 따르면, 리더들은 자신의 회사가 직면한 문제의 75%가 "사람 및 인간관계"라고 대답했으며, 응답자의 89%는 조직의 가장 큰 문제를 해결하는 데 정서지능이 '아주 중요하다.'라거나 또는 '꼭 필요하다.'라고 대답하였다.

AI가 사람의 일자리를 대신하고, 변화무쌍하며, 소수의 인적자원으로 더 많은 일을 하기 원하는 조직의 리더들이 생각하는 뛰어난 인재의 모습이 달라지고 있다. 이 뛰어난 인재의 핵심역량에는 정서지능이 포함된다.

존 메이어(예일대학교 총장)와 피터 샐러비(뉴햄프셔 대학교 심리학 교수)는 인지와 감정에 관한 자신들의 연구에 관해 대화하다 한 정치인에 관해 이야기를 나누면서 정서지능에 대한 논문을 발표하게 되었다고 한다.

"어떻게 그렇게 똑똑한 사람이 그렇게 어리석은 행동을 했을까? 정말 이상하지? 똑똑한 사람이 그런 행동을 하다니."

아무래도 현명한 결정을 내리려면 똑똑한 것 이외에 뭔가가 더 필요한 것은 아닐까 하는 의문에서 정서지능에 관한 연구를 시작했다고 한다.

대니얼 골먼은 1995년 『감성지능』이란 베스트셀러를 내놓았고, 골먼 외의 많은 학자가 정서지능에 관한 연구를 발전시켰다.

우리나라에는 2011년에 EBS 다큐멘터리(엄마도 모르는 우리 아이의 정서지능)가 방영되었다. EBS 다큐멘터리에서는 21세기의 성공 DNA인 정서지능을 소개하며, 다양한 실험과 사례를 통해 정서지능의 중요성을 알려주고 정서지능형 인재로 키우기 위한 교육법을 제시했다.

③ MI(Multiple Intelligence: 다중지능)

1983년 하버드 대학교의 하워드 가드너(Howard Gardner)가 기존의 IQ 위주의 지능에 대한 개념에 반박하여 다중지능 이론(Multiple Intelligence)을 제시하였다.

가드너는 '지능이란 문제를 해결하는 능력 또는 특정 문화 상황에서 가치 있게 여기는 것을 만들어 내는 능력'으로 정의하여 문화와 상황에 따라 다른 지능이 요구된다고 강조했다. 가드너가 처음 제시한 인간의 능력은 음악적 능력(Musical Intelligence), 신체-운동적 지능(Bodily-Kinesthetic Intelligence), 논리-수학적 지능(Logical-Mathematical Intelligence), 언어적 지능(Linguistic Intelligence), 공간지능(Spatial Intelligence), 대인관계 지능(Interpersonal Intelligence), 그리고 자기 이해 지능(Intrapersonal Intelligence)이었다. 이 외에 있을 수 있는 다른 지능을 배제하지 않았고, 1997년에 여덟 번째 지능인 자연탐구 지능(Naturalist Intelligence)을 새롭게 목록에 첨가하였다.

다중이론의 특징은 다음과 같다.

(1) 모든 개개인은 다중지능을 모두 가지고 있다. 8개의 다중지능이 합해져서 독특한 방식을 가진 한 사람을 형성한다.

(2) 모든 사람은 각각의 지능을 적절한 어떤 수준까지 개발시킬 수 있다. 가드너는 사실상 모든 사람이, 만약 적절한 여건만 주어진다면, 비교적 높

은 수준의 성취를 할 수 있다고 주장했다.

(3) 여덟 가지 지능들은 각기 독립적이지만 여러 가지 복잡한 방식으로 함께 작용한다. 예를 들면 수학 문제를 풀 때는 논리 지능과 언어지능이 함께 작용한다는 것이다.

④ SQ(Spiritual Quotient: 영성지능)

최근에는 새로운 지능들이 드러나고 있다. 가드너는 9번째 지능으로 '실존지능'을 제시하였다. 과학적 근거가 불충분하다는 이유로 학계 반발에 부딪히자 8과 1/2 지능이라고 명한 이 지능은 영성지능 SQ(Spiritual Quotient)의 실마리가 되었다. SQ는 인간 존재의 이유나 참 행복의 의미 등 삶의 근원적인 가치를 추구하는 능력이다. 인간이 의미와 가치의 문제를 해결할 때 사용하는 지능이며, 인간 본연의 상위 인지 능력을 회복하고, 삶에 대한 의미와 동기를 발견하는 핵심적인 요소이다.

"왜 사는가? 인간은 어디서 오는가? 인간은 죽으면 어디로 가는 것일까? 내가 진정으로 원하는 것은 무엇인가?" 등의 질문은 논리·수학적 지능이나 언어지능이 높다고 해서 해결할 수 있는 것은 아니다.

정리하자면, SQ란 인간 존재에 대한 본질적인 의문을 제기하는 것으로 삶에 대한 실존적인 의미와 인생의 참된 가치가 무엇이며 그 의미를 어떻게 찾고, 그러한 가치를 실현하기 위해서 어떠한 인생을 살아가야 할 것인가를 깨닫는 능력을 의미한다. SQ는 인간이 인생에 대한 올바른 길을 찾도록 도와줌으로써 가치 있고 의미 있는 삶을 살아가도록 한다.

SQ는 IQ와 EQ보다 정확하게 행복감에 대한 해답을 제시해 줄 수 있다. SQ는 다른 지능(IQ와 EQ)들이 효과적으로 기능할 수 있도록 돕는 지능이라고 할 수 있다. 개인의 일반지능(IQ)과 정서지능(EQ)을 총체적으로 조정하고 통제하는 종합적 능력이라는 점에서 SQ를 총체적 지능(Holistic Intelligence) 혹은 메타 지능(Meta Intelligence)과 동의어로 간주하는 학자들도 있다. 비슷한 수준의 IQ와 EQ를 가졌더라도, SQ가 높은 사람이 그 지능들을 더 잘 활용하여 높은 성과를 낼 수 있는 것이다.

현재 의학이나 과학은 SQ에 대한 명확한 정의를 내리지 못하고 있고, 관점에 따라 그 정의가 다르다. EQ와 마찬가지로 진단하기 곤란한 문제점을 가지고 있다. 하지만 최근에는 종교 분야에서뿐만 아니라 심리학, 정신의학 분야에서도 SQ에 대한 논의가 활발해져 가고 있다. 최근에는 학생들의 영성지능이 학업에 미치는 영향이나 회복탄력성에 미치는 영향 등을 연구하는 학자들이 늘고 있다.

이 책에서는 SQ를 핵심역량을 키우기 위한 지능의 개념으로 보고 서술해 가겠다.

:: 2) 근본적으로 필요한 핵심역량 'SQ(Spiritual Quotient)'

영성이란

1. 궁극적 또는 비물질적인 실재(reality).
2. 자신의 존재 에센스(정수)를 발견할 수 있게 하는 내적인 길.
3. 의거하여 살아야 할 준칙으로서의 가장 깊은 가치들과 의미.

—위키백과

우리는 위의 용어에 대한 정의에서 영성으로 살아야 할 미래의 모습을 볼 수 있다. 양자물리학으로 인하여 물질세계와 비물질세계의 경계가 사라진 지금 인류의 미래는 고갈된 물질세계의 자원을 비물질세계에서 얻기 때문이다.

인공지능으로 인한 자기 정체성의 붕괴 속에서 진정한 나는 누구이냐는 질문 앞에 숭고한 인간의 존재 의미를 찾게 하는 것도 영성이며, 인간이 인간답게 살아야 할 삶의 존엄한 가치들의 궁극도 결국은 영성에서 찾아지기 때문이다.

그러므로 우리 인류의 미래와 아이들의 장래도 영성에서 찾아야 하는 것이 인류의 과제가 되었다.

이러한 영성은 종교에서만 이루어지는 것이 아니라 이제는 일반화되어 우리의 생활 속에서 서서히 녹아 들어가고 있다. 이제는 인류가 살아야 할 삶의 새로운 패러다임으로 옮아가야 한다. 그렇게 하려면 이제부터라도 아이들의 학습에 이러한 영성을 가르쳐야 하고 다분히 학습법도 SQ를 배우는 새로운 학습법으로 디자인되어야 한다. 그리하여 이미 사설연구집단에서 영성지능 학습법 등을 시행하고 있다.

2001년 옥스퍼드 대학의 도나 조하와 이얀 마샬은 그들의 저서 『영성지능(Spiritual Quotient)』에서 다음과 같이 말하였다.

"인간의 뇌에는 이성을 관장하는 대뇌피질(IQ)이 감정을 조절하는 변연계(EQ)를 지나 본성이 거하는 뇌간 부위로 들어가면 영성을 다루는 특수부위(SQ)가 있다."

캘리포니아 대학의 라마찬드란 교수는 사람이 영적인 대화를 나누거나 종교적인 대화를 나눌 때 측두엽에 자극을 보내는 신경 영역이 있다는 사실을 발견하였다. 이 자리를 뇌 과학자들은 '영·중추(God Spot)'라고 부른다.

Mille(1983)는 홀리스틱(Holistic) 교육에서 영적 지식을 강조하였다. 영성은 우주의 생명체와 무생명체 모두에 존재하는 통일성으로서 전체성이며 모든 것을 연계시킨다고 하였다. 이런 영성을 이해하고 인식하며 나와 이웃 그리고 모든 인류와 동식물 및 무생물 모든 것과의 관련성을 이해하고 느껴야 한다고 하였다.

1990년 오스트리아 신경학자 볼프 싱어(Wolf Singer)의 '결합의 문제'에 대한 연구에서 뇌에는 우리의 경험을 통합하고 의미를 갖게 하는 일을 전담하는 신경 과정, 즉 경험을 '결합시키는' 신경 과정이 있다는 것을 보여주었다.

뇌신경 조직의 두 가지 형태 가운데 하나는 순차적 신경 연결로서 이는 IQ의 기초이다. 순차적으로 연결된 신경 경로는 뇌가 규칙을 따르고 한 단계 한 단계 논리적이며 합리적으로 사고할 수 있게 한다.

두 번째 형태는 신경망 조직으로서 수만 개에 이르는 뉴런 다발이 다른 대단위 신경다발에 복잡하게 연결된다. 이러한 신경망이 감정 주도적이고 형태 인식적이며 습관 형성에 관여하는 EQ의 기초이다.

결합적 신경 진동에 관한 Singer의 연구에서 제3의 사고 형태인 결합적 사고 그리고 그것에 수반되는 "왜"라는 질문을 다룰 수 있는 제 3형식의 지능인 SQ에 대한 첫 번째 단서를 제공하고 있다.

:: 3) 왜 SQ를 키워야 하는가

인간과 기계가 소통과 협업을 통해 공존하게 되는 세상, 우리는 이러한 4차 산업혁명 시대에 하루하루 더욱더 빨라지는 속도를 체감하며 살고 있다. 이러한 상황 속에서 우리의 자녀가 주체적인 존재로 살아가기 위해 요구되는 핵심역량에 대해 생각해 볼 필요가 있다.

영성지능(SQ)이란 '어떠한 상황에서도 자신의 목표와 해야 할 일을 명확히 알고 자원을 활용하여서 해낼 힘'으로 정의된다.

인간의 지능이라고 알려진 것 중 대표적인 것이 IQ(Intelligence Quotient)와 EQ(Emotional Quotient)이다. IQ와 EQ는 특정한 환경 안에서 적절한 행동을 찾는 일종의 적응 능력이지만 SQ(Spiritual Quotient)는 새로운 가치를 창조하고 규칙이나 상황을 바꿀 수 있는 창조적 능력이다.

세계미래학회(World Future Society)에서는 미래 사회, 2050년부터는 영성(Spirituality)이 화두가 될 것이며, 영성의 시대가 열리리라 전망하였다.

워싱턴 대학의 Halal 교수는 "2020년 정보 시대가 끝나고 지식 이상의 가치와 목표를 중시하는 영성 시대가 올 것이다"라고, 지식 정보화 사회 이후를 영성의 시대로 예측했다. 우리는 이미 코로나19로 2020년과 2021년을 보내고 어떤 변화가 일어나고 있는지 체감하고 있다.

미래학자 Pink(2007)는 오늘날의 사회에서는 추세나 기회주의적 요소들을 잘 감지해 내고 융합을 통해 유용한 결과물을 내고 스토리 만들기를 통해 예술적이고 감성적인 아름다움을 창조해 내는 능력이 중요하다고 강조했다. 또한, 타인의 감정 및 정서를 잘 이해하고 공감하는 능력이 중요하다고 한다.

영성(Spirituality)이란 종교적 차원에만 해당하는 개념이 아니다.

심리학에서의 영성은 종교적 신념이나 행위를 의미하는 것 이상으로 인간의 내적 자원의 총체이다. 그리고 인간이 자신과 타인 및 상위존재와의 유의미한 관계를 맺고 유지하도록 하며, 육(肉) 영혼(靈魂), 마음(心)을 통합하는 에너지, 존재에 대한 의미와 목적을 주관하는 곳, 당면한 현실을 초월하여 앞으로 나아가게 하는 힘 등으로 정의된다.

영성지능이 높은 사람은 높은 수준의 자기 인식을 함으로써 스스로 동기부여를 하며 능동적이며 유연한 적응력을 보인다. 이들은 고통을 직면하고 활용하여 초월하는 역량이 뛰어나다. 또한 이들은 비전과 가치에서 영감을 얻고 다양한 것들 사이의 연관을 보는 성향이 있다.

『성공하는 사람들의 7가지 습관』의 저자이며 경영 전문가인 스티븐 코비(Stephen Covey)는 '영성지능이 다른 모든 지능의 길잡이가 되어주기 때문에 인간에게 있어서 가장 궁극적인 핵심의 지능이다.'라고 했다.

'4차 산업혁명 시대'와 불확실성의 시대를 살아가는 삶의 과정에서는 해결해야 할 수많은 문제 상황에 마주치게 된다. 이러한 문제의 상황에서 주체적이고 행복한 삶을 영위하기 위해 발휘하는 개인의 종합적, 전체적, 궁극적인 능력을 '영성지능'이라고 할 수 있다. 또한, 주체적이고 행복한 삶을 살아가기 위해 개인의 일반지능(IQ)과 정서지능(EQ)을 총체적으로 조정하고 통제하는 종합적 능력이라는 점에서 우리 아이들의 영성지능(SQ)을 높이기 위한 교육은 매우 중요한 의미가 있다.

1장과 2장에서는 미래 사회의 변화와 내 자녀를 미래인재로 키우기 위한 내용을 정리했다. 따지고 보면, 초불확실성의 시대에 미래를 예측한다는 것이 모순일 수도 있겠다. 하지만 세상의 보편타당한 원리와 변하지 않는 근본을 찾을 수 있다면 자녀교육에 방향성을 찾지 않을까?

자기주도력을 가진 미래인재의 핵심역량을 키우기 위해 노력해야 한다. 이를 위해 기존의 지식 중심의 교육에서 벗어나 IQ, EQ 그리고 인간의 궁극적 지능인 SQ의 균형 잡힌 개발을 위한 교육이 필요하다.

다음 질문의 답을 키워드 중심으로 간략하게 적어봅시다.

Q1 _intro 질문에 대한 답을 찾으셨나요?

Q2 _세상에는 어떤 변화가 일어나고 있나요?

Q3 _새롭게 알게 된 사실이 있다면 무엇인가요?

Q4 _미래세계는 어떤 인재를 원한다고 예상되나요?

Q5 _변하는 것과 변하지 않는 것은 무엇이라고 생각하나요?

Q6 _어떤 부분에서 사고의 전환이 일어났나요?

Q7 _새롭게 생긴 질문이 있다면 무엇인가요?

Q8 _내 자녀에게 꼭 키워주고 싶은 역량은 무엇인가요?

자녀교육을 논하기 전에
내 마음부터 살피자

Q1 아이를 처음 안았을 때의 마음이 어땠나요?

Q2 요즘 자녀를 보면 어떤 감정이 주로 올라오나요?

Q3 요즘 내 마음 상태는 어떤가요?

01

무엇보다도
감정 관리가 우선이다

:: 1) 내 마음이 왜 이러지?

한여름의 토요일, 에너지 절약 정책으로 강의장의 에어컨은 거의 무용지물이었다. 더위에 겨우 강의를 마치고 돌아가 집의 현관문을 여니 냉기가 훅 느껴진다. 아들은 컴퓨터 앞에 앉아서 담요를 뒤집어쓰고 게임을 하고 있다. 에어컨의 온도는 20도이다.

"에어컨 온도가 이게 뭐야?"

"온도가 어때서요?"

"너무 낮잖아."

"아! 아까 덥길래 내렸다가 다시 올리려고 했는데 깜박 잊었네."

"담요는 왜 쓰고 있어?"

"추워서요."

순간 화가 치밀어 오른다. 나는 이 더위에 땀을 뻘뻘 흘리면서 강의하고 돌아왔는데 아들은 집에서 호사를 누리고 있다. 집 안을 둘러보니 난장판이다. 쓰레기장 같다.

"집 안 정리 좀 해."

"네."

"지금 하라고."

"잠깐만요. 이것만 깨고요."

더는 참지 못한다. 숙제는 했느냐, 온종일 게임만 하느냐, 너는 커서 뭐가 되려고 이러느냐, 엄마가 얼마나 힘들게 일을 하는데 아들이 엄마를 도와줄 생각은 없느냐, 입에서는 잔소리가 끊임없이 흘러나온다. 결국, 아들도 소리 지르고 방문을 닫아 버렸다.

"그렇게 힘드시면 일을 줄이세요. 엄마가 힘든 걸 왜 나에게 화풀이해요?"

그날의 강의 내용은 공감 대화법이었다. 비폭력 대화라고도 불린다. 상대방의 저항을 줄이면서도 내 요구를 전달하는 대화법으로 사춘기 자녀에게 어떻게 활용하는지 강의하고 돌아왔다. 그런데 현실은? 내 생활에서는 활용이 안 된다. 나도 실천하지 못하는 걸 다른 부모에게 전하고 온 것이다.

아이가 태어나서는 전공을 교육학으로 바꾸고 열심히 자녀교육에 관해 공부했다. 논문과 자녀교육 서적을 수도 없이 읽었고, 아이를 잘 키우는 방법에 대한 강의도 열심히 듣고, 여러 가지 관련 자격증도 취득했다. 그런데 돌이켜보니, 배운 방법을 실천하지 못한 경우가 많았다.

울며 잠든 아이를 보면서 후회가 막심하다. 잠들기 전에는 좋은 말을 해줘야 하는데, 독한 말로 아이를 혼내고 내버려 두니 아이는 혼자 울다 잠든다. 아는 걸 실천 못 하니 죄책감이 너무 크다. 앞으로는 절대로 이러지 말아야지 결심한다. 그리고 같은 후회를 반복한다. 도대체 왜 이러는 걸까?

육아와 자녀교육 서적, 그리고 관련 강연 등에서 주로 나오는 내용은 이론과 기술이다. 그대로 실천하면 분명히 효과가 있다.

'떼를 쓰는 아이에게 화를 내지 않고 이야기하는 법', '자꾸 미루는 아이에게 숙제부터 하게 만드는 법', '사춘기 아이에게 짜증 내지 않고 대화하는 법', '내 아이의 창의력을 키우는 육아법', '하브루타 질문법', '엄마표 자기주도학습법', '내 아이 영재 만드는 독서법', '감정코칭' 등 실천할 수 있는 여러 방법을 제시한다.

이런 책을 읽고 나면 내 아이가 공부를 못하고 말썽을 부리는 것은 순전히 내가 잘못해서 그런 것 같다. 마음을 잡고 또 시작해 본다. 그런데 잘 안 된다.

'이러면 안 되는데', '무엇이 문제일까?', '끈기없는 내 성격이 문제일까?', '나는 엄마 자격이 없는 것일까?' 좌절감에 빠진다.

대부분의 자녀교육 서적에는 부모가 빠졌다. 외벌이 아빠의 가장으로서의 책임감, 육아를 전담해야 하는 엄마의 피로감, 육아와 일을 병행하는 워킹맘의 죄책감 등 부모의 마음이 빠져있다. 부모는 입력된 데이터대로 움직이는 로봇이 아니다. 감정이 있는 사람이다. 어쩌다 보니 부모가 되었고, 잘해보려고 애쓰고 있지만, 직장생활도 자녀교육도 만만치 않다. 감정이 요동을 친다. 화가 난 상태에서는 곱게 말을 하기가 어렵다. 담임 선생님한테 쓴소리 듣고 온 후에 자유분방한 아들에게 다정한 눈길을 보내기는 쉽지 않다. 감정이 문제다.

필자가 중학생 시절에 선생님에게 심하게 혼이 난 적이 있다. 나는 의견을 말했을 뿐인데, 버릇없는 아이가 됐다.

"어디서 버르장머리 없이, 선생님에게 짜증을 부려?"

아직도 선생님의 호통 소리가 들린다. 당시에는 선생님과 다른 의견을 말하는 건 짜증을 내는 것이고 예의가 없는 행동이었다. 그대로 집에 돌아가서 다시는 학교에 가지 않을 거라고 울고 불며 난리를 쳤다. 그 사건은 부모님의 개입으로 잘 지나갔고, 난 여전히 하고 싶은 말을 하는 학생이었다.

할 얘기를 했을 뿐인데 왜 선생님은 짜증을 부린다고 여기셨을까? 이후로 그 선생님이 너무 싫었다. 수업 시간에도 집중하지 못했다. 다행히 학년이 바뀌면서 그 선생님을 더 볼 필요가 없었다. 하지만 선생님에게 대한 나쁜 감정은 오래 남았다. 그때 감정 관리를 알았다면 어땠을까? 철이 들면서 어른에게 대들지 않고 의견을 조리 있게 말하는 법을 터득했지만, 그때의 감정은 아픔으로 남았고, 이후로도 영향을 미쳤다.

필자는 '선생님이 나에게 화를 낸 것은 내가 잘못해서인가 봐'라는 논리를 나도 모르게 만들어 냈다. 그런데 스스로는 떳떳하기 때문에 억울함이 올라온 것이다. '내가 잘못한 것도 없는데 왜 나한테 화를 내? 선생님이면 다야?'며 분노가 올라왔다. 이 논리는 반대의 상황에서는 다른 감정을 느끼게 했다. 만약 누군가가 화를 냈는데, 내가 잘못한 것이라면 죄책감이 생겼다.

억울함, 분노, 죄책감 모두 피하고 싶은 감정이기 때문에 이런 감정이 발휘되는 상황을 피하려 한다. 그리고 누군가가 화를 내는 것을 받아들이지 못하고, 같이 분노하거나 죄책감을 느낀다. 누군가가 나를 비난하면, 억울함이나 죄책감으로 고통스러웠다. 물론 이 사건 하나만으로 이러한 반응이 생긴 것은 아니겠지만, 중학생 때 행동의 잘잘못을 떠나 내 감정에 대해 제대로 처리할 수 있었다면 이러한 논리는 만들어지지 않았을지도 모른다.

감정을 깊이 공부하고 무의식적으로 만들어진 논리를 알아차린 후에야, 다른 사람의 화 또는 비난을 객관적으로 볼 수 있었다. 객관적인 관점을 가지게 되면 그것은 더 이상 비난이 아니라 피드백으로 받아들일 수 있다. 적절한 피드백은 고통을 줄이고 감정을 처리할 수 있게 해준다. 지금 동료들은 나를 최강의 강철 멘탈 소유자라고 부른다. 나는 감정이 없는 쇳덩이가 아니다. 여전히 감정으로 힘들 때가 많다. 하지만 나를 집어삼키는 감정의 소용돌이에 빠지지 않고 빠져나올 수 있다. 그리고 부정 감정이 나를 아프게 하지 않도록 한다.

우리는 감정에 대한 교육을 받지 않았다. 감정을 제대로 표현하는 것도 배우지 못했다. 오히려 감정의 표현을 하면 연약하거나 절제력이 없는 사람이라고 여기는 풍토였다. 감정은 에너지이다. 그냥 사라지지 않는다. 어디론가 흐르거나 형태가 바뀐다. 감정은 참는다고 사라지지 않는다. 자신보다 약한 쪽으로 흐를 가능성이 크다. 직장 상사에게 난 화를 가족에게 낸다. 또는 참아야 하는 자신에 대한 연민으로 우울감에 빠진다. 부정의 감정이면 그 피해가 크다.

자주 화가 올라온다면,

자주 우울해진다면,

감정의 기복이 심하다고 느낀다면,

내 자식을 강철 멘탈로 키우고 싶다면,

제대로 자녀교육을 하고 싶다면,

더 행복해지고 싶다면,

감정을 제대로 알기 위해 공부해야 한다. 부모의 감정 관리가 우선이다.

:: 2) 의식의 성장과 감정

누구나 행복을 원하고 인생에서의 성공을 추구한다.

열심히 살아왔지만 만족할 만한 결과를 얻지 못했다면 내 자녀만큼은 나보다 더 나은 삶을 살게 도와주고 싶은 것이 부모의 마음일 것이다.

그런데 어떻게(HOW)의 의문에 도달한다.

어떻게 해야 잘살 수 있을지 자신이 알고 있는 수준에서 열심히 노력한다. 부지런히 공부하고 일하며 자녀에게도 그것을 권한다. 자신이 아는 성공의 조건은 좋은 학벌이므로 공부를 하라고 강요한다.

그러나 지금 나는 잘살고 있다고 자신 있게 말할 수 있을까? 뭔가 이상하다고 느껴질 때가 있을 것이다. 이렇게 살아가는 것이 맞는지 의문이 들 때가 있을 것이다. 과연 내 자녀에게는 무엇을 가르치고 무엇을 준비시켜야 할까?

지인 중에 늘 투덜대는 사람이 있다. 은퇴 후에 변변한 직장을 구하지 못하니 불행하다고 한다. 그런데 부부가 모두 공직에서 은퇴했기 때문에 대략 예상을 해 봐도 연금의 액수가 상당히 많다. 하소연하는 그에게 연금의 액수가 적어서 그러냐고 물었더니, 그건 아니란다. 부부가 살아가기엔 넉넉하지만 일이 있으면 좋겠다고 한다. 하지만 그분은 내가 권하는 어떤 일도 만족해하지 않았다. 고위직 공무원 은퇴자의 눈높이에 맞는 일자리는 아니겠지만 충분히 보람을 찾을 수 있는 것에도 불평해서 권하는 내가 다 민망했다.

또 다른 지인은 사정이 반대이다. 사기를 당해 파산을 하고 10여 년을 고생하다가 이제 자신의 가게를 시작했으나, 코로나 사태로 영업이 어렵다. 주변 사람들은 복도 참 없다면서 안타깝게 생각했다. 그런데 그 친구에게서 불평의 말을 들은 적이 거의 없다. 사기로 파산을 했다는 것도 믿기지 않을 정도로 밝은 사람이다. 그 사람의 식당은 언제나 좋은 기운이 넘치고, 자신의 사정도 어렵지만 늘 다른 사람을 도우려고 한다.

이 두 사람의 차이는 무얼까 생각해 보았다. 성격의 차이일까? 물론 성격의 영향도 크다. 선천적으로 낙천적인 사람은 불평을 덜 할 수도 있다. 하지만 성격 외에 생각해 봐야 하는 것이 바로 의식 수준이다.

인간은 의식의 수준에 의해 같은 현상을 다르게 받아들인다. 현상에 대한 인식이 다르니 반응도 차이가 있을 것이다. 그리고 반응은 언행으로 나타난다. 언행에 의해서 결과가 달라지고 삶에 어떤 식으로든 영향을 미칠 것이다.

현재의 형편은 좀 어렵지만, 성격이 밝은 사람과는 자주 대화하고 싶어진다. 이왕이면 그 사업장을 방문해서 도와주고 싶은 마음이 생긴다. 영업 제한 조치가 풀리니 그 식당에 사람들이 많아지는 것이 다행이다.

만나면 덩달아 불평이 생기는 사람은 피하게 되는 것이 인지상정이다. 필자만 그런 마음이 들지는 않을 것이다.

의식의 수준은 인간다운 삶을 살아가는 데 매우 중요하다. 데이비드 호킨스 박사는 눈에 보이지 않는 의식의 수준을 에너지장의 형태로 측정하여 구분하여 의식지도를 제시했다.

호킨스 박사가 진단한 인간 의식 럭스(Lux)의 17단계는 의식 공부를 하는 사람들에게 자기의식의 고점과 저점을 찾고 영적 성장으로 나아가는 단계별 목표를 주게 하였다.

또한, 자신이 처한 의식단계로부터 감정적 행동과 인생을 살아가는 긍·부정적인 영향력을 발견할 수 있게 하였다. 여기에 동양의 한의학자들로 인하여 인체 내부의 의식과 쌍을 이루는 감정적인 자리들을 찾게 되었고 또한 EFT와 같은 감정치료요법들의 개발로 부정적인 감정 포인트를 침술 대신 간단한 두드림으로 치료할 수 있는 시대가 열린 것이다.

뇌의 에너지를 움직이는 전기화학 경로들은 양자물리학의 도움을 받아 인간의 사고로 인하여 사고의 내용에 따라 생성되는 감정적인 화학물질들을 찾아내게 되었고, 또한 화학물질이 움직이는 경로의 흐름(동양에서는 경락 속에 숨어있음)을 밝혀내었다.

이와 같은 학문의 연합적인 연구는 인간을 너무도 긴 시간 동안 괴롭혔던 감정들을 처리해내는 기술을 개발하였다. 심지어는 머릿속에서 지워지지 않는 장기기억들도 수술하지 않고도 기억을 흐리게 하여 고통에서 벗어나게 해주는 EMDR과 같은 기법까지 개발되었다.

저차원의 의식을 가진 사람들은 자신과 인류에게 해악을 끼친다. 그들이 가진 힘이 클수록 더욱 세계는 위험에 빠진다.

우리는 자라나는 다음 세대의 사람들이 저의식으로 인류를 멸망에 빠뜨릴 수 있는 충분한 위험성이 있다고 본다. 전쟁의 무기나 바이러스나 식량, 석유와 같은 무기나 전쟁 로봇이나 생화학무기 같은 것들을 사용하여 자신의 야욕을 채울 수 있는 사회이기 때문에 더욱 영성을 가르쳐야 한다.

데이비드 호킨스 박사의 의식지도 측정 수준은 감정과 관련이 깊다.

200Lux의 수준을 기준으로 삶에 긍정적 영향력과 부정적 영향력을 나누게 된다. 200Lux의 용기 수준부터 삶이 변화와 도전에 대처할 수 있는 자발성이 부여되고 삶에 대한 적극성과 동기가 생겨난다.

199Lux 이하의 의식 수준에서는 개인의 생존이 일차적인 관심거리가 된다. 이러한 상태는 생활이 주는 스트레스와 부정적 영향에서 자유로울 수가 없다. 특히 부모의 의식 수준이 낮다면 자녀의 삶에 도움을 줄 수가 없다

잘사는 방법이나 조건에 대해서는 정답이 없을 것이다. 너무나 상대적이고 유동적이기 때문이다. 하지만 잘사는 상태의 유지에 대해 집중한다면 조금은 더 수월하게 답을 얻을 수 있지 않을까? 그러므로 우리는 의식의 성장을 통해 영성을 추구해야 한다.

먹고 살기도 바쁜데 무슨 뚱딴지같은 소리냐고 반박할 수 있다. 어려운 일상에서의 고통을 무시하는 것이 아니다. 감정도 습관이다. 습관적

으로 불평을 하거나 짜증을 내는 사람에게는 그럴 상황이 더 자주 찾아온다.

어려운 상황에 부닥쳤을 때, 이왕이면 힘을 낼 수 있는 감정 상태가 된다면, 어려움에서 벗어나는 데 유리하지 않을까?

웨인 다이어나 디펙 초프라와 같은 지도자들이 전하는 행복한 삶을 위한 메시지에는 공통점이 있다. 그것은 영적 충만함이다.

충만함이란 사랑, 평화, 기쁨 등과 같은 고의식 차원의 감정에 해당한다. 결핍이 아닌 충만함의 상태에서는 많은 가능성이 열린다. 충만함의 상태에 집중한다면 이를 위해 필요한 것들이 충족된다는 원리이다. 그것이 돈, 건강, 관계 어떤 것이든 필요한 것들이 채워지게 된다는 것이다.

『시크릿』이나 『더 해빙』과 같은 끌어당김의 법칙에 관한 책에서도 비슷한 내용을 이야기한다. 자칫 비과학적인 미신으로 치부할 수도 있으나 '세상사 마음먹기 나름'이라는 것을 크게 부정하지는 않는다. 또한 긍정심리학을 비롯하여 긍정적 감정의 중요성에 관해서는 많은 연구가 진행되고 있다. 이러한 과학적 연구가 아니더라도 부정적인 감정 때문에 손해를 본 사례를 쉽게 찾을 수 있고 직접적인 경험도 있을 것이다.

영적 지도자들이 강조한 영적 충만함을 위해서는 의식의 성장이 중요하다. 그리고 의식의 성장을 위한 방법의 하나는 저의식의 감정처리이다.

이를 위해 먼저 감정의 속성과 감정 관리에 대해 알고 실천할 수 있어야 한다.

:: 3) 감정, 느낌, 기분

과연 감정이 무엇일까?

어떤 느낌이나 기분, 뇌파의 변화, 심장 박동수 같은 신체적인 변화일까?

아직 감정에 대한 명확한 정의가 내려지지 않았지만, 과학자인 안토니오 다마지오는 인간에게는 감정이 가장 먼저 있었고, 이후에 모든 정신 활동이 나타났다고 주장했다.

"감정, 정서, 기분, 느낌"

이 단어들을 구분할 수 있는가? 똑 부러지게 정리된 것도 없고 그조차 계속 변화하고 있다. 그러나 용어를 정의해 보면서 감정에 대한 이해를 높이는 것은 필요하다.

① 감정(感情)

[명사] 어떤 현상이나 일에 대하여 일어나는 마음이나 느끼는 기분.

[유의어] 감회 1, 내면세계, 느낌

– 네이버 사전

② 정서(情緒)

[명사] 사람의 마음에 일어나는 여러 가지 감정. 또는 감정을 불러일으키는 기분이나 분위기.

심리: 정서와 같은 말, 정동(情動)(희로애락과 같이 일시적으로 급격히 일어나는 감정).

[유의어] 감정, 감각, 기분

– 네이버 사전

영어의 emotion이 정서 또는 감정으로 표현된다. 비슷하게 쓰이지만, 정서는 감정을 일으키게 하는 내적 상태라고 표현할 수 있다.

운전하다가 무리하게 끼어드는 차를 보고 단순히 짜증을 내거나 눈살을 찌푸릴 수도 있지만, 분노를 일으키고 쫓아가서 싸우는 경우가 있다. 여기서 짜증이나 분노는 감정에 해당이 되고, 같은 사건에 대해 다르게 반응하는 것을 정서의 차이라고 볼 수가 있다.

신경학자 안토니오 다마지오의 설명에 따르면, 감정은 감각 또는 생각에 따라 발생한 단서가 정서를 통해 느낌으로 구체화하고, 그 느낌이 트리거가 되어 자동으로 발생하는 것이라고 한다.

감정은 행동으로 이어지거나 행동하고자 하는 욕망으로 이어진다. 감각기관에서 느끼는 느낌을 해석하는 것이 정서이고, 이 해석에 따라 감정이 일어난다.

끼어드는 차를 본다.(시각) → 분노가 올라온다.(정서의 해석에 의한 감정) → 욕을 하고 쫓아가서 싸운다.(행동)

감각이 (개인의) 정서를 통해 느낌으로 정의되고 그 느낌으로 인해 감정이 일어난다.

③ 느낌(feeling)

몸의 감각이나 마음으로 깨달아 아는 기운이나 감정.
- 표준 국어 대사전

④ 기분(mood)

대상·환경 따위에 따라 마음에 절로 생기며 한동안 지속되는, 유쾌함이나
불쾌함 따위의 감정. 주위를 둘러싸고 있는 상황이나 분위기.
- 표준 국어 대사전

느낌(feeling)은 감정과 비슷하게 보이지만 감정과 감각을 포함한다고
보면 된다.

기분(mood)은 일정 기간 지속하는 정서적인 상태로 볼 수 있다.

느낌은 일시적인 편이고, 기분은 얼마 정도는 유지된다고 본다.

emotion, feeling, mood 등의 우리말 해석은 심리학, 철학, 정신과학
에서 조금씩 다르므로 명확히 구분한다는 것은 의미가 없다. 우리의 정
서 관리를 위해서 필요한 만큼 이해하면 된다.

예전에는 감정을 억누르라고 교육받았다. 하지만 감정은 감각의 느낌
으로 인해 자연스럽게 올라오는 것이기 때문에 이성으로 표현을 숨길
수는 있어도 억제할 수는 없다. 또한, 느낌에 대한 해석의 열쇠는 정서
가 가지고 있으므로 감정을 조절한다는 것은 정서를 통해서 가능하다.
그러므로 감정 관리는 정서 관리와 같은 의미로 쓰인다.

또한, 감정은 자연스럽게 올라오는 것이기 때문에 억누르거나 생기지

않게 할 수가 없다. 그러므로 '통제'나 '억제'보다는 '관리'라는 말이 합당하다.

앞으로는 감정과 정서를 같은 의미로 보고 글을 써나가겠다.

:: 4) 감정의 발생

감정은 어떻게 일어날까?

감정에 대한 이론도 의견이 분분하다. 폴 애크만을 비롯한 학자들의 고전적 견해에 의하면 감정은 우리의 몸 또는 뇌에 내장되어 있다고 한다. 이 이론에 의해 보편적 감정의 개념이 생겨나고 심리학, 의학 등에서 활용이 되어왔다. 이 이론에 따르면 인간에게는 내재한, 보편적인 감정이 있고 이는 어떤 계기를 통해 외부 반응으로 나타난다.

끔찍한 일을 보면 비명을 지르고 공포를 느끼며, 슬픈 일을 겪으면 눈물이 나오는 것은 인류 전체에 공통으로 나타나는 현상이라는 것이다.

또 우리 뇌에는 감정을 담당하는 회로가 있고 이 회로를 자극하는 현상이 발생하면 일련의 신체적 변화로 이어진다고 한다. 이런 반응은 보편적이기 때문에 반대로 신체 반응을 보고 어떤 감정인지 알아차리는 것도 가능하다.

이에 반해 최근 리사 펠드먼 배럿은 감정은 타고나는 것이 아니라 우리가 우리의 감정을 설계해서 구성한다는 이론을 냈다. 이것이 구성된 감정 이론이다.

이에 따르면 인간은 자신이 속한 문화권에서 공유되는 각각의 감정 개념을 학습하며, 그렇게 학습한 감정만을 느낄 수 있다는 것이다. 분노나 슬픔 같은 감정은 학습하지 않아도 인간이라는 종이기 때문에 사고에 의한 판단의 결과가 아니라 입력에 대한 자동적인 결과라고 보는 고전적 견해와는 상반되는 내용이다.

이 이론에 의하면 감각기관을 통해서 들어온 정보는 있는 그대로 받아들여지는 것이 아니라 우리가 가지고 있는 개념을 토대로 정보에 의미를 부여한다. 이렇게 부여된 개념을 바탕으로 우리는 실제 세계에 대한 시뮬레이션을 우리 머릿속에서 돌리게 된다.

우리는 세계를 있는 그대로 인식하지 않고, 우리가 부여한 개념대로 머릿속에서 실제 세계를 시뮬레이션한다. 이 시뮬레이션한 결과를 바로 우리가 느끼고 지각하게 되는 것이다. 시뮬레이션을 돌리는 동시에 지속해서 감각을 통해서 들어오는 정보와 나의 시뮬레이션 결과가 일치하는지 비교한다. 차이가 나면 이는 예측 오류가 발생한 것이다. 예측 오류가 발생하면 오류를 해소하기 위한 행동이 이루어지고, 그다음 다시 감각에 대해 예측을 하고 시뮬레이션을 하고 비교하는 과정이 우리 뇌 안에서 끊임없이 반복된다.

요약하면, 우리는 외적인 감각과 그 외의 내적인 느낌에서 오는 정보를 기반으로 상황을 예측하고, 예측의 과정에서 우리의 상황을 특정 개념과 연결한다. 이때의 개념이 슬픔, 우울, 경외와 같이 감정적인 개념일 때 이를 감정 개념이라고 부르고 감정 개념이 시뮬레이션 될 때 바로 그 감정을 경험하게 되는 것이다.

필자는 귀뚜라미를 정말 무서워한다. 바퀴벌레보다 더 무섭고 싫다.

어린 시절 우리 집 부엌에는 귀뚜라미가 많았다. 날아다니는 것이 아니라 통통 튀어 다니는 몸이 둥그스름한 귀뚜라미이다.

그 당시는 거실과 부엌이 분리돼 있어서 부엌에 들어가려면 신발을 신어야 했다. 언젠가 부엌 신발을 신는데 그 안에서 뭔가 툭 터지는 느낌이 들었다. 그 안에 들어있던 귀뚜라미를 밟은 것이다.

소리소리 지르면서 난리를 쳤던 기억이 난다. 그 뒤 한동안 앞이 막혀 있는 신발을 신지 못했다. 안이 훤히 들여다보이는 슬리퍼만 신거나 운동화를 신을 때는 누군가 그 안을 확인해 줘야 했다.

구성된 감정 이론으로 해석을 해보자면, 필자가 앞이 막힌 신발을 보면 뇌는 그 안에 귀뚜라미가 들어있으리라 예측한다. 귀뚜라미를 밟으면 울고불고할 것으로 예측하고 그때처럼 심장이 멎는 듯한 공포를 느끼리라 예상해서 공포를 만들어 낸다는 것이다.

감정을 몸(또는 마음)에서 비롯되는 신체적인 것으로만 생각하지만, 사실은 사회적 의미 부여의 과정을 거치며 구성되는 사회적 실재(Social Reality)라는 것이다. 이에 따르면, 우리가 지금까지 경험해온 감정에 대한 해석은 앞으로 겪게 될 감정 경험 그 자체에 영향을 끼친다. 그러니 뭔가 반복해서 일어나는 불편한 감정이 있다면 그 해석에 주의를 기울일 필요가 있다. 결국, 우리는 감각 입력의 수용자가 아니라 감정의 능동적 구성자라는 이론이다.

:: 5) 감정의 두 얼굴

잠깐 5분 정도 시간을 내어 떠오르는 감정 단어를 써보자.

memo

몇 개의 단어를 적었나? 생각보다 많이 적지 못했을 수도 있다. 그중
에서 긍정과 감정의 감정 상태를 나타내는 비율은 얼마나 되는가?

긍정 감정 단어	부정 감정 단어

보통의 경우 부정의 감정 상태가 긍정 상태의 단어보다 더 많이 나온
다. 우리가 부정적인 성향이기 때문에 그럴까?

우리가 쓰는 감정 단어는 얼마나 될까? 서울대 민경환 교수팀이 발표
한 논문에 따르면 한국어에는 감정을 표현하는 단어가 434개 정도 존재
한다고 한다.(박인조·민경환, 한국심리학회지, 2005) 이 중 '홀가분', '사랑',
'기쁨'처럼 쾌(快)를 표현하는 말과 '참담', '경멸', '증오'와 같은 불쾌를 나
타내는 비율이 3:7로 불쾌의 감정 단어가 훨씬 많았다.

영어 단어 558개 중에는 부정적인 단어가 62%를 차지한다고 한다. 인간이 쓰는 감정 단어 중에 부정적인 것이 더 큰 비율을 차지하고 있다는 것을 알 수 있다. 이는 인간이 부정적인 감정에 쉽게 시달리는 경향이 있다는 의미가 될 수도 있다.

이러한 이유를 진화심리학자 데이비드 버스와 마틴 헤이즐턴은 오류관리 이론을 통해서 설명하고 있다. 위험에 대한 작은 가능성도 미리 예방하는 것이 생존과 번식에 유리하다는 것이다.

예를 들면 먼 원시 시대에 원시인이 숲속에서 어떤 소리를 들었다고 가정해 보자. 여기서 두 가지 오류가 발생할 수 있는데 첫 번째 오류는 숲속에 맹수가 숨어있는데도 불구하고 없다고 여기는 오류이고, 두 번째 오류는 숲속에 아무것도 없었는데도 맹수가 있다고 여기는 오류이다.

이 오류는 확률적으로는 5:5의 확률로 일어나야 한다. 그러나 인간의 경우는 두 번째 오류를 극단적으로 더 빈번하게 일으킨다. 왜냐하면, 두 번째 오류가 생존에는 훨씬 유리하기 때문이다.

숲속에 맹수가 숨어있는데도 없다고 오류를 일으키면 그 결과는 죽음으로 이어지면서 큰 손실이 일어나는 것이다. 그런데 맹수가 없는데도 불구하고 있다고 여길 때는 잃을 것이 별로 없다. 그저 잠깐 놀라고 마는 것이다. 그래서 인간은 없는데도 불구하고 있다고 여기는 오류를 훨씬 더 빈번하게 일으킨다.

인간은 오랜 세월 동안 지금과는 다른 환경에서 적응하며 진화해왔다. 험난하고 거친 자연환경 속에서 생존해야 했고, 사기와 거짓, 폭력, 기만이 횡행하는 세상에서 살아왔다. 그러므로 불안과 공포 등의 부정적 감정이 자연환경에서 생존하는 데 유리하다는 주장이다.

:: 6) 부정 감정은 피해야만 하는 것일까?

자기계발서나 긍정심리학에서는 긍정 감정의 중요성에 대해서 강조한다. 그런데 우리는 앞선 연구 결과를 보지 않더라도 긍정보다는 부정 감정에 더 쉽게 노출되는 것을 경험한다. 예를 들면 내 자녀가 너무 태평하면 뭘 믿고 저러나 불안하고, 부정적인 성향이 보이면 그것이 또 불만이다. 도대체 내 마음을 내가 모르겠다.

미국 켄터키 대학 연구팀은 '초기 인생에서의 긍정적 정서와 장수(Positive Emotions in Early Life and Longevity)'라는 연구를 통해 감정과 수명과의 관계를 분석했다.(Danner, Snowdon, Friesen, 2001) 연구팀은 식사, 주거, 활동 같은 생활양식이 균일한 수녀들 180명을 대상으로 그들의 자서전 속에 포함된 감정과 수명 간의 관계를 살펴보았다.

그 결과, 긍정적 감정을 많이 표현한 수녀들은 그렇지 못했던 수녀들보다 평균 10.7년을 더 오래 살았다. 반대로 부정적 감정을 많이 표현할수록 사망률이 높았다.

자전적 글 속에 긍정적 정서를 포함한 문장 수가 1% 증가할 때마다 사망 확률은 1.4%씩 감소하였고, 80세 나이에 이르기까지 가장 부정적이었던 수녀들은 60%가 사망했지만, 가장 긍정적이었던 수녀들은 25%만 사망했다.

코넬대학의 엘리스 아이센 교수팀은 30여 년간의 연구를 통해 긍정 감정은 관점을 전환하고 다양한 해결책을 제시할 수 있는 인지 유연성을 촉진하며, 갈등을 완화하고 문제 대처 능력을 높여준다는 것을 발견했다. 이는 긍정 감정이 창의적 문제해결력을 현저히 향상한다는 것이다. 창의성이 높은 아이들이 수능 성적(미국은 SAT)도 높고, 직장에 가서도 업무 능력이 뛰어나다는 점도 나중에 드러났다. 또한, 성인 대상 실험을 통해 기분이 좋아지면 문제 해결 능력도 발전하고 이타심, 협동심, 소통 등 업무 프로세스에 긍정적인 영향을 끼친다는 사실도 밝혀냈다.

위의 연구 내용을 보면 긍정 감정은 건강과 창의성까지 인간의 중요한 부분에 영향을 끼친다는 것을 알 수 있다. 그러나 우리가 주목해 보아야 하는 것은 부정적 감정에 대한 다른 접근이다.

토드 카시단과 로버트 비스워스 디너는 그들의 저서 『다크사이드』에서 긍정적인 자세만이 답이 아니라고 제안한다. 인간은 부정적인 경험을 하고 난 이후에는 그것을 되풀이하지 않으려고 배우려는 경향이 강해지며, 부정적인 것은 우리의 발전을 위한 권리라고 주장한다.

캐나다 토론토 대학교의 야큉 니우(Yaquing Niu) 연구진은 복잡한 상황에서 감정이 인지를 압도한다는 것을 발견했다. 긍정, 중립, 부정적인 장면에서 눈의 움직임이 어떻게 다른지 확인하는 실험의 결과 부정적인 장면에서 더 많은 관심과 주의를 기울인다고 발표했다.

슬픔과 같은 부정적인 기분은 인지 기능과 분석적인 사고력에 긍정적인 효과를 일으킨다는 연구 내용이 있다. 이 연구에 따르면 슬픈 기분을 느끼는 사람들은 행복한 감정을 느끼는 사람보다 거짓말을 더 잘 알아차린다고 한다. 이는 하크니스 교수의 연구 결과로도 해석될 수 있다.

퀸즈 대학교의 케이트 하크니스(Kate Harkness)는 경미한 우울증이 있는 사람들은 그렇지 않은 사람들보다 더 세부 사항에 더 많은 관심을 기울이는 경향이 있다는 연구 결과를 발표했다. 이 연구에 따르면 이들은 긍정 성향이 있는 사람들보다 사람들의 표정을 관찰할 때 예리하게 상대의 표정을 읽고 미세한 입술 떨림이나 살짝 찌푸린 눈살에도 집중한다. 그러므로 다른 사람을 더 잘 공감하고 감정이입 하는 능력이 크기도 하지만, 상대의 거짓말도 잘 읽어낼 수 있는 것이 아닐까?

누군가와 싸우고 나면 상대방의 표정을 더 잘 관찰하게 되는 경험을 해본 적이 있을 것이다. 책 『다크사이드』의 저자 토드 카시단과 로버트 비스워스 디너는 고통을 최소화하는 것이 건강한 삶의 방식이라는 것을 거부하고 행복한 감정만을 추구하기보다는 긍정적 감정과 부정적 감정 모두를 편안하게 느끼고 다룰 수 있는 사람이 되라고 권한다. 그리고 모든 범위의 다양한 감정을 끌어낼 수 있는 사람이 가장 건강하며, 그런 사람들이 대체로 큰 성공을 거둔다는 증거들을 제시하였다.

:: 7) 감정을 받아들이는 자세가 중요하다

감정에 관한 다양한 연구와 발표를 보면 그 종류가 아니라, 그 감정을 받아들이는 마음의 자세가 더 중요하다는 것을 알게 된다.

감정을 긍정과 부정으로 나누는 것에서 오류가 시작된다. 일반적으로 긍정이라 하면 좋은 것, 부정은 나쁜 것으로 해석된다. 그렇다면 부정 감정에 속하는 슬픔이나 분노가 나쁜 것일까?

연인과 헤어지고 나서 슬픈 감정에 빠지거나, 악한 행동을 보고 분노를 일으키는 것이 과연 나쁜 것인지 생각해 봐야 한다.

감정 자체에는 좋고 나쁨이 없다. 하지만 그 감정으로 행한 행동에는 긍정과 부정의 결과가 나타난다. 예를 들어, 화가 난다고 폭력을 행사하는 행동은 나쁜 것이다.

최근에는 분노조절 장애라는 말을 자주 듣게 된다. 길을 가는 불특정 다수에게 칼을 휘두르는 묻지 마 범죄자나 총기를 난사하여 동료들을 살해한 군인 등에게는 분노조절 장애라는 명칭을 붙인다.

언젠가 선거 유세장에 칼을 들고 난입을 한 사람이 검거됐다. 이유를 물으니 야간근무를 하고 잠을 자려는데, 소음으로 방해를 받아서 화가 났다고 한다. 화가 나서 어린아이를 때려 숨지게 한 인면수심의 부모도 있다.

책 『다크사이드』의 부제는 '감정의 어두운 면을 전략적으로 사용하는 기술'이다. 저자는 '온전함'을 강조하고 있다.

행복한 감정만 좇거나 부정적 감정에 집중하는 식으로 어느 한쪽을 추구하기보다 양쪽 모두 살피는 것을 '온전함'이라고 표현했다. 감정의 긍정과 부정의 상태를 잘 뒤집어서 균형감 있게 온전함을 유지해야 한다는 것이다. 행복만 추구하기보다 심리상태의 다양한 감정을 모두 다룰 수 있는 사람이 되라고 조언한다.

로널드 배드로우 연구팀은 부정적인 감정을 이겨내서 긍정적 감정으로 바꿀 줄 아는 균형감을 적응력이라고 표현했다.

부정적 경험을 최소화하고 억제하려는 자세는 동기부여나 자기 계발에 효과가 없다고 강조한다. 결론은 감정을 조절하고 관리할 수 있는 능력이다. 어떻게 하면 부정 감정에 휩싸이거나 회피하지 않고 균형감 있게 적응할 수 있을까에 관심을 두고 그 능력을 갖추기 위해 노력해야 한다.

:: 8) 감정 관리가 중요한 이유

어느 때부터인가 멘붕이란 말이 너무 흔해졌다. 코로나19로 인해 전 세계적으로 멘붕을 확실히 경험하게 됐다.

4차 산업혁명을 이야기하는 이 시대에 바이러스와의 전쟁으로 사람들이 고전하고 있다. 병에 대한 공포와 생계의 위협에서 오는 공포가 정신건강을 헤치고 있다.

이럴 때일수록 감정 관리는 더욱 중요하다. 한 예를 들겠다.

선재 엄마가 빨리 와 달라고 급하게 전화를 해서 달려가 보니 선재의 손에서 피가 흐르고 있었다. 선재는 중학 시절 나에게 수학 과외를 받던 학생이고 그 당시에 과외는 그만두었지만, 가끔 진로에 관한 조언을 하고 있었다.

다행히 신경은 다치지 않았지만, 손가락 골절이 있었고 봉합수술을 해야 했다. 치료가 어느 정도 끝나고 다친 이유를 물어보니, 성질이 나서 책상을 쳤다고 한다. 엄마와의 말다툼 끝에 화를 참을 수 없었다고 한다.

그 엄마는 아파트에 소문이 날 수 있으니 119는 안 되고, 엄마와는 아무 데도 가지 않겠다고 발악하는 아들 때문에 나를 불렀다고 한다.

애 아빠가 알게 되면 집안이 시끄러우니까 남편에게도 다친 이유를 알리지 않겠다고 했다.

이 사건으로 선재는 오랫동안 오른손을 못 쓰는 불편함을 감수해야 했고, 그 이후의 중간시험은 점수가 큰 폭으로 하락했다.

고등학교 2학년 2학기 중간시험을 망치고 나서 선재는 본인의 페이스를 잃고 힘들어하다가 결국 3수에도 원하는 대학에 진학하지 못했다.

선재가 원하는 대학에 가지 못한 것은 그 다친 사건이 이유일까? 아니다. 그건 자신의 감정을 제대로 관리하지 못하는 성향 때문이다. 선재는 성적도 잘 나오는 성실한 학생이었다. 그런데 화가 많고 신경질적인 편이다. 스트레스를 받거나 자기 뜻대로 일이 풀리지 않으면 소리를 지르고 성질을 내곤 했다. 부정 감정이 생기면, 끊임없이 불평하는 선재에게 수학을 가르치는 것은 매우 힘든 일이었다.

필자는 선재의 마음을 먼저 다독여주고 안정시킨 후에야 수학 지도를 할 수 있었다.

물론 기분이 나쁘면 공부에 집중하기 어렵다. 하지만 이런 상태가 자주 반복되면 학업에 악영향을 끼친다. 선재는 자주 짜증이나 화를 냈고, 그 시간 동안은 일상의 일은 아무것도 하지 않았다. 사춘기 시절의 일시적인 상태라고 보기에도 한계가 있었다.

선재가 이렇게 된 것은 부모의 영향이 크다. 아버지는 자수성가한 사업가였다. 아들이 나약하다고 못마땅해했고, 교육에 너무 많은 돈을 쓰는 것은 낭비라고 여겼다. 아들이 자해한 것을 알면 어떤 소동이 벌어질지 예상이 될 만큼 강한 성격의 소유자였다.

아들이 다쳐서 피가 흐르는데 주변에 알려지면 안 된다고 119를 부르지 않을 정도로 엄마는 냉정했다. 속칭 날라리인 형에 비해 영특한 선재에게 어릴 때부터 큰 기대를 하고 있었다. 하지만 아들의 마음과 감정을 읽어주지는 않았다. 선재가 너무 감정적이고 신경질적이라고 여겼지만, 그 감정을 관리해야 한다고는 인정하지 않았다.

선재는 자주 짜증이 나서 공부가 하기 싫고 스트레스가 많다고 했다. 어릴 때는 혼나는 게 무서워서 참고 공부를 했지만, 고등학생이 되면서는 자신의 분노와 짜증을 숨기지 않아서 엄마와 자주 다퉜다.

공부하려고 하면 더 기분이 나빠지고 화가 나서 집중이 안 된다고 했다. 자해해서 손을 다친 사건 외에도 친구를 때리는 문제를 일으키기도 했다. 이런 일들을 겪으면서 선재는 점점 성적이 떨어지고 자신이 원하는 대학에 진학하지 못했다. 오히려 엄마가 포기한 형인 영재는 자기가 좋아하는 실용음악과로 진학했다.

대학 진학이 인생의 성공 여부를 판단하는 기준은 아니지만, 영특했던 선재가 자신이 원하는 것을 이루지 못하고 대인관계에도 어려움을 겪는 것이 안타깝다. 그 당시의 선재에게는 지식을 가르치는 것보다 부정 감정 관리를 하는 방법을 알려주고 훈련하는 게 더 효과적이라고 생각했다.

감정 관리에 대해 강조하다 보니 선재 엄마는 나에게 코칭을 의뢰했다.

내가 코칭을 하는 조건은 선재의 스케줄을 단순하게 만들어 줄 것과 부모도 코칭을 받는 것이었다. 다른 과목의 과외나 학원이 그대로인 상태라면 코칭이라는 과목이 하나 더 늘었을 뿐 효과를 기대하기 어렵다. 하지만 내 조건을 선재의 부모님이 받아들이지 않아서 코칭을 진행할 수가 없었다.

선재는 지금 생각해도 안타까운 경우이다. 영특하고 재주가 많은 학생이었는데도 자신을 믿지 않았고 많은 것에 부정적이었다. 행복해 보이지 않았다.

선재에게 부족했던 것은 감정 관리 능력이었다. 감정 관리는 인생을 살아가는 데 있어서 매우 중요한 요소이다. 하지만 감정적이란 것을 비이성적이고 나약하다고 여기는 경우도 많다.

과연 감정은 이성과 대척점에서 우리를 나약하게 하는 것일까?

세계적인 뇌 석학인 안토니오 다마지오 교수는 인간 정서에 관한 과학적 연구를 통해 '인간의 의사 결정은 감성에 의해 크게 좌우된다.'라며, '판단과 의사 결정 과정에 정서가 주도적으로 개입하며, 인간은 충분한 시간을 들여 합리적 결정을 하기보다는 정서적 기억과 상태에 따라 많은 영향을 받는다.'라는 연구 결과를 제시한 바 있다.

뇌과학자들은 사람들은 결정을 내릴 때 주로 감정에 의존한다는 사실을 알아냈다. 감정은 의식적인 사고보다 먼저, 그것도 대단히 빠른 속도로 일어난다. 뇌에서 감정에 관여하는 영역은 이성 영역보다 더 크며, 두뇌 전체는 인식 활동보다 감정적 활동을 더 많이 처리한다.

비슷한 몇몇 연구에서도 인간의 수행 능력은 변연계를 중심으로 한 감정 회로와 비교하고 판단하는 전두엽의 협력이 얼마나 잘 이루어지느냐에 달렸다는 것을 밝히고 있다. 마치 로봇처럼 감정이 없이 이성의 지배만 받는 사람은 정작 우리가 생각하는 이성적인 것과도 거리가 멀고 제대로 된 판단조차 할 수 없다.

감정이 없다면 이성적인 판단도 없다는 연구 결과가 있다.

감정은 기억과도 관계가 있어서, 어떤 사건을 오래 기억하는 데는 감정이 관여한다. 즐거운 추억이나 두려웠던 사건이 오래 기억되는 것이 이 원리이다. 이는 장기기억을 저장하는 해마와 감정에 관여하는 편도가 서로 연결되어 우리의 기억을 좌우하기 때문이다.

합리적인 의사 결정을 하고, 장기기억을 잘하는 사람의 성공 확률이 높다는 것을 논하지 않더라도, 자신의 감정을 잘 관리하고 조절하는 사람이 성공할 확률이 높고 행복하리라는 것은 당연한 결과일 것이다.

02
효과적인 감정 관리 방법

:: 1) 왜 배운 대로 자녀교육을 하지 못할까?

2011년에 EBS 다큐멘터리(엄마도 모르는 우리 아이의 정서지능)를 본 많은 부모가 책을 구매하여 활용해 보려고 노력하였다. 그런데 그 양육법을 생활에서 실천하기가 어렵다는 문제에 부딪혔다.

부모의 감정이 그 문제의 원인이었다. 필자 역시도 코칭을 접하기 전까지는 감정에 대해 배운 적이 없었다. 감정을 그대로 표출하는 것은 성숙하지 못한 태도이기 때문에 많이 참고 견디는 게 미덕이라고 여겼었다.

다혈질인 필자는 욱하는 성질이 있다. 참을성도 적어서 가족이나 주변 사람에게 화를 내고 후회하는 경우가 많았다.

코칭에서는 평정심의 유지가 중요하다. 그래서 코칭 교육과정에서 감정을 다스리고 조절하는 방법을 배우고 훈련해 갔지만, 스트레스나 부정적 감정을 제대로 관리하기까지는 오랜 시간이 걸렸고, 현재도 감정 관리에 실패해서 공든 탑을 무너뜨리는 경우가 생기곤 한다.

정서지능이 뛰어난 아이로 키우기 위해서는 자녀에게 칭찬하고 잘 놀아주어야 하며 아이들의 정서적 요구를 빨리 받아주어야 한다. 감정코칭형 대화를 해야 하고 격려하고 기다려 주어야 한다. 자녀교육에 관심이 있는 부모라면 거의 알고 있는 이론이다. 그러나 잘 실천이 안 된다.

퇴근해서 천근만근이 된 몸을 이끌고 서두르며 저녁 식사를 준비하는데 끊임없이 정서적 요구를 하는 아이를 받아주는 것, 기껏 개어 놓은 빨래를 헤치며 놀고 있는 아이에게 재밌게 놀았으면 됐다고 웃어넘기는 것, 장난감을 사달라고 떼쓰는 아이에게 소리 지르지 않고 감정을 읽어주며 대화하는 것이 생각처럼 쉽지 않다. 사춘기 자녀의 돌출행동을 이해하기도 쉽지 않다. 참다 보니 한계가 온다. 다른 일로 스트레스를 받은 날은 더 힘들기에 결국 폭발하고 만다.

그리고 배우자의 사소한 한마디나 아이의 실수에 감정적인 반응을 하고 폭언을 한다. 곧 후회하지만 멈출 수가 없다. 아는데도 실천하지 못하는 것에 대한 자괴감과 죄책감으로 인해 부정 감정은 더 커진다. 그냥 참고 견디는 것이 정답은 아닌 듯하다. 왜일까? 오래 참을 수가 없기 때문이다.

억지로 참는 것이 아니라 부모인 나부터 정서지능형 인간이 된다면 자녀는 저절로 정서지능형 인재로 자라난다.

하버드 대학의 에드워드 트로닉(Edward Tronick) 박사는 '무표정의 경험'이라는 실험을 통해 엄마의 무표정이 아이들에게 미치는 영향을 발표하였다. 실험 결과 엄마의 무표정은 아이를 극도의 스트레스와 불안한 상태에 놓이게 한다. 엄마가 산후 우울증이나 육아 스트레스로 아이에게 무표정한 얼굴로 정서적 교감을 하지 않으면 아이의 정서발달은 더디게 될 것이다.

자녀는 부모의 거울이라고 한다.

이를 증명한 실험이 있다. 캐나다의 심리학자인 반두라의 보보인형 실험이다.

반두라는 스탠퍼드대학 부설 유치원에 다니는 보통 성향의 남자 어린이 36명과 여자 어린이 36명을 실험실에 초청했다.

보보인형 실험은 실험에 참여한 평균 4.4세의 남녀 어린이들을 두 집단으로 나눠 각각 남녀 성인과 놀이방에 있게 한다. 그리고 각 집단 아동과 함께 있는 성인은 다양한 놀이도구를 가지고 함께 게임을 즐긴 뒤 남녀 성인은 약 150cm의 일명 '보보인형'이 있는 책상에 가서 앉는다.

그 후 첫 번째 집단의 아이들과 함께 있는 성인은 보보인형을 10분 동안 때리고 발로 차고 망치로 치는 등 과격하고 폭력적인 방식으로 인형을 대했고 두 번째 집단 아이들과 함께 있는 성인은 보보인형을 털끝 하나 건드리지 않았다.

이 과정이 끝난 뒤 아이들은 20분 동안 보보인형, 나무망치, 2개의 화살촉 등 공격적인 장난감과 인형, 자동차, 공 등의 비공격적인 장난감으로 채워진 놀이방에서 놀게 하였다. 그 결과, '보보인형'에 대한 성인의 공격적인 행동을 관찰한 아이들이 훨씬 더 공격성이 높은 것으로 드러났다.

특이한 점은 남자아이는 공격적인 남성 성인을 보았을 때, 여자아이는 공격적인 여성 성인을 보았을 때 폭력적인 행동을 더 많이 따라 했으며, 남자아이는 행동적 모방을, 여자아이는 언어적 모방을 많이 한 것으로 나타났다.

결론적으로 보보인형 실험은 아이가 성인을 그것도 자신의 성별과 같은 성인을 모방하는 경향이 크다는 것을 증명했다. 위 실험과 같이 아이들은 성인의 모습을 여과 없이 따라 하는 경향이 있다. 그래서 부모가 중요한 것이다. 자녀에게 무슨 특별한 교육을 하려고 시도하기 전에 부모가 모범이 되어야 한다.

특히 요즘처럼 불안과 스트레스가 심할 때일수록 부모의 감정 관리가 우선이 돼야 할 것이다.

:: 2) 의지만으로 감정 관리가 되지 않는다

필자의 학창 시절을 되돌아보면 시험 기간에는 늘 비염을 달고 있었고, 변비로 고생했다. 평상시에는 멀쩡하다가도 시험 기간만 되면 증상이 나타났다. 지금도 조금만 신경을 쓰는 일이 생기면 소화가 안 되는 등의 증세가 나타난다.

마음의 상태를 몸이 반영하는 것이다.

걱정이 많으면 낯빛이 어두워지고 생기를 잃는다.

몸이 아프면 마음이 편안하지 않다. 이렇듯 몸과 마음은 강력하게 연결되어 있다. 성공학 서적이나 자기계발서를 보면 세상일은 마음먹기 나름이라며, 긍정의 힘을 강조한다. 아무리 어려운 상황이라도 긍정의 마음을 가지면 이겨낼 수 있다는 것이다.

그런데 긍정의 힘에 대한 오해로 인해서 문제가 발생한다. 자기계발서를 보면 감정을 그대로 나타내는 것은 나약함과 무식함 때문인 것 같다. 배운 사람이라면, 성공하려면, 리더라면, 인격자는 자기감정을 그대로 드러내면 안 된다고 생각한다. 그래서 감정에 휩싸이는 것을 부끄러워한다. 그런데 앞에서도 언급했듯이 감정은 감각의 반응 때문에 자연스럽게 올라오는 현상이다. 내 의지대로 억누를 수 있는 것이 아니다. 훈련이나 이성에 의해 그 표현을 조절할 수는 있어도 감정이 일어나는 자체를 막지 못한다.

기쁨, 즐거움, 분노, 슬픔, 낙담, 우울함, 외로움, 불안 등은 저절로 일어난다. 감정의 물줄기가 자연스럽게 흐르도록 한다면 그냥 지나가고 말 것을 둑으로 막으려고 애를 쓴다. 그러다 보니 결국에는 둑은 무너지고 모든 감정의 소용돌이에서 허우적댄다. 단단하게 둑을 만들어서 밖으로 나오지 않게 막더라도, 그 안에서 부패하게 된다. 마음이 썩어 문드러지는 것이다.

감정은 그 자체로 에너지이기 때문에 소멸하지 않는다. 다른 형태로 전환해야 한다. 부정 감정의 에너지가 나를 파괴하기 전에 다른 형태로 전환해야 한다.

어떻게 하면, 감정의 물줄기를 자연스럽게 흐르게 하고, 긍정 에너지로 전환할 수 있을까?

자신에게 제일 적합한 방법을 찾아야 한다.

실제적인 감정 관리의 방법을 몇 가지 소개해 보겠다.

:: 3) 감정 관리의 실제적 방법

① 최적의 건강 상태를 유지하라

당연한 이야기지만, 몸이 건강하지 않으면 긍정의 상태를 유지기 힘들다.

만성피로와 스트레스에 시달리는 현대인의 생활에서는 몸과 마음이 항상 지쳐있다. 따라서 충분히 자고 정갈한 음식으로 몸의 건강을 우선 챙기는 게 중요하다.

리사 펠드먼 배럿은 신체 예산을 관리하는 생활 습관에 대해서 강조했다. 리사 펠드먼 배럿에 의하면 우리가 감정의 주인이 되기 위해서는 자신의 신체 예산을 잘 관리해야 한다.

불규칙적이고 영양이 불균형적인 식습관과 수면 부족은 신체 예산의 불균형을 초래하고 이것이 심해지면 우울증과 다른 정신질환으로 이어질 수 있다고 경고한다. 잘 자고 잘 먹는 것을 의도해 보자. 그걸 누가 몰라서 못 하느냐고 할 수 있다. 필자도 마찬가지 형편이었다.

퇴근해서 집안일까지 마무리하고 나면 거의 밤 11시가 된다. 나 혼자만의 이 소중한 시간을 놓치고 싶지 않아서 새벽까지 잠을 자지 않았다. 책을 읽거나 강의 준비를 하기도 하지만, SNS를 들여다보는 것과 같이 생산적인 일을 하지 않아도 항상 깨어 있었다. 어느새 몸이 피곤해도 잠에 쉽게 들지 못하고, 새벽까지 스마트폰을 들여다보면서 시간을 보내는 일이 잦아졌다. 당연히 만성피로와 수면 부족에 시달리게 된다. 따라주지 못하는 체력에 대해 나이 듦을 탓하며 서글픔에 빠지기도 했다.

아침에 눈을 뜨는 순간부터 짜증이 올라오는 것을 느끼는 일이 잦아지면서 변화를 위한 결단이 필요해졌다.

무조건 11시 이전에는 잠자리에 들기로 했다. 그러기 위해서는 내 밤을 잡아먹는 스마트폰 관리가 우선이었다.

10시가 되면 내 스마트폰의 전원을 꺼서 침대에서 멀리 두고, 꼭 해야 하는 급한 일이 있는 것이 아니면 11시에는 무조건 불을 끄고 잠자리에 들었다. 11시부터 2시 사이에는 잠을 자지 않더라도 눈을 감고 있으려고 했다. 그러나 도대체 잠이 오질 않는다. 오랜 시간 굳어진 습관이 쉽게 변하지 않았다.

새벽 2시가 지나도 잠이 오지 않으면 그때는 일어나서 책을 읽거나 밀린 일을 했다. 그냥 눈을 감고 있는 것은 잡념이 많이 올라와서 견디기가 힘들었다. 불면증은 아닌 것 같은데 그대로 잠드는 것에 심리적인 저항이 있는 것처럼 느껴졌다. 그래서 오디오북을 듣기로 했다. 구형 스마트폰에 오디오북 앱을 설치해서 재생 시간을 30분 정도로 설정하고 잘 때 틀어놓았다. 너무 재밌는 내용은 삼가는 게 좋다. 자칫 밤을 새워서 들을 수도 있다.

유튜브 채널에 있는 수면을 유도하는 음악으로 시도해 보기도 했는데, 자극적인 다른 채널의 유혹을 이기지 못해서 실패했다.

새로운 습관을 들이는 데는 환경을 바꾸는 것이 효과적이다.

필자의 경우에는 10시에 스마트폰을 끄고 오디오북의 기능만 있는 스마트폰을 활용하는 것이 그 예이다. 잠깐만이라고 다짐하면서 SNS나 유튜브를 클릭하지만, 잠깐으로 끝낸 적이 거의 없다. 또 새벽에 잠들면서 자책한다.

스마트폰의 전원을 끄고 멀리 두면 귀찮아서라도 보지 않는다. 그 스마트폰을 거실에 두러 가는 것이 꼭 십 리 길을 가는 듯 멀게 느껴진다. 뭔가 중요한 내용을 놓치는 것 같고, 급한 전화가 올 것 같다. 그래서 전원은 켜둔 상태로 두었다. 급한 전화는 받을 수 있도록 했지만 급한 전화는 오지 않았다.

알람을 위해 예쁜 자명종을 사서 스마트폰을 대체하는 것도 필요했다.

건강을 유지하기 위해서는 양질의 수면이 필요했고 늦게 잠드는 습관을 바꾸는 것이 중요하다. 자신의 건강을 해치는 습관을 찾아보고 고쳐야 한다.

습관을 바꾸기 위해 자신의 신념을 점검해 볼 필요가 있다. 내 행동을 지배하는 무의식이 무엇인지 살펴보는 것이라 표현될 수 있다.

필자는 잠자는 시간을 줄여서 공부해야만 좋은 대학에 들어갈 수 있는 시대에서 학창 시절을 보냈고, 성인이 돼서도 공부할 수 있는 시간은 아이가 잠든 밤이었다. 몸은 피곤하고 특별히 할 일도 없는데 왜 밤에 안 자고 버티고 있을까 궁금했다. 그러다 밤을 그냥 보내면 뒤처지는 것 같은 불안이 무의식에 깔려있다는 것을 발견했다.

제임스 클리어는 이를 정체성이라고 표현했다. 자신이 원하는 사람이 되려면 자신의 믿음을 끊임없이 편집하고, 자신의 정체성을 수정하고 확장해야 한다.

필자는 끊임없이 자기 계발을 위해 노력해야 훌륭한 사람이라는 신념을 가지고 있었다. 그러므로 잠자는 시간을 줄여서 밤에 공부하는 나는 자기 계발에 힘쓰는 훌륭한 사람이라는 정체성으로 표현이 된 것이다.

건강을 위해서 제시간에 잠이 드는 것이 중요하지만 신념을 만족시키지 못한다면 곧 저항에 부딪히게 되고, 예전의 습관으로 돌아가기가 쉽다. 신념이 옳으냐 그르냐를 찾는 것이 아니다.

자신의 신념을 찾는다면 습관 바꾸기에 도움이 된다. 이런 면에서 잠자기 전에 좋은 내용의 오디오북을 듣는 것은 나에게 효과가 있었다. 뭔가 배우는 듯한 느낌에 흐뭇해진다고 할까? 잠자는 시간을 많이 늘리지는 않아도, 11시 이전에 잠자리에 드는 것이 습관이 되니, 아침에 몸이 훨씬 가볍고 기분이 나아졌다. 아침형 인간이 성공한다는 이론에 의한 것이 아니라, 몸과 마음이 쉬어야 하는 황금 시간을 지킨 것이다.

습관의 이면에 어떤 신념이 있는지 알지 못하더라도 고쳐야겠다는 결심을 하면 당장 행동을 하면서 자신을 살펴보면 된다. 시행착오를 거치다 보면 그 신념과 정체성도 저절로 알게 되는 경우가 생긴다.

합리적 정서 치료의 창시자인 알버트 엘리스는 인간의 신념이 정서와 행동에 큰 영향을 미친다고 했다. 삶에서 일어나는 사건에 대한 각자의 해석과 경험이 다른 것은 그 사건을 바라보는 신념체계의 차이 때문이라는 것이다.

신념에 대한 구체적 내용은 이후에 자세히 살펴보도록 하겠다.

음식의 경우에는 몸에 좋은 음식을 찾아 먹는 것보다는 안 좋은 음식을 가리는 것이 더 효과적이다. 다이어트나 몸에 좋은 음식을 찾는 등의 노력이 과하면, 우리의 의지는 오래 버티지 못한다.

우리의 목적은 신체 예산을 잘 관리해서 감정의 주인으로 사는 것이다. 그러기 위해서는 불필요한 노력으로 에너지를 소모하지 않도록 해야 한다.

② 감정을 인정하라

감정 관리를 위한 두 번째 방법은 '감정을 공감하라!'이다.

감정을 인정하면서 내 감정에 이름을 붙여준다. 괜히 기분이 나빠진 경험이 있을 것이다. 이유를 묻는다면 딱히 꼭 집어 대답하긴 어렵다. 그래서 더 불쾌해진 경험이 있을 것이다.

감정은 하나의 단어로 표현되기가 어려운 경우가 많다. 여러 개의 감정이 복잡하게 얽히기도 하고 나조차 그 감정의 형태를 모르고 불쾌감만 느끼게 되는 것이다.

감정에 이름 붙이기를 하면 그 감정을 명확히 할 수가 있다. 존 가트맨 박사는 감정에 이름을 붙여주는 것은 '감정이라는 문에 손잡이를 만들어주는 것'으로 비유했다.

손잡이가 없는 문은 열거나 닫기가 어렵지만, 손잡이를 만들어주면 감정의 문을 여닫기가 한결 쉬워진다는 것이다. 일어나는 감정을 명확히 알면 어떻게 처리해야 하는지 판단하고 행동할 수 있게 된다.

감정에 이름 붙이기를 시도해 보면, 어느 순간 올라오는 내 감정이 무엇인지 명확하게 인지하는 것이 생각보다 어렵다는 걸 깨닫는다.

필자의 사례로 설명해 보겠다.

코칭에 입문한 초창기 시절의 일이다. 동료들과 공부 모임을 만들어서 코칭, 인문학, 상담, 심리를 열심히 공부하였다. 1주일에 1회씩 온라인에서 만나 공부한 것을 나누고, 한 달에 1회는 오프 모임을 하면서 진행되었다. 나의 기존 직업과 병행하면서 하는 것이 벅차기는 했지만, 공부는 정말 재밌었다. 나 외에 다른 회원은 모두 서울에서 거주하였기 때문에 오프 모임의 장소는 늘 서울이었다. 내가 서울에 가는 것은 어려운 일은 아니었지만, 일요일이라는 데에서 문제가 있었다. 당시 나는 교회 주일학교 교사를 하고 있었고, 일요일에는 내 아이를 봐줄 사람도 마땅치가 않았다. 하지만 내가 공부 주제의 발표자가 되는 날에는 꼭 참석하려고 노력했다.

내 발표 순서가 된 오프 모임 날에 새벽부터 분주했다. 새벽 기도, 오전 7시 1부 예배, 9시 주일학교를 마치고 아이를 친정에 맡긴 후에 허둥지둥 서울행 버스에 올랐다. 그렇게 새벽 5시부터 맹렬하게 움직여서 공부할 장소에 도착하니 오후 1시다.

동료들은 이미 만나서 식사를 끝내고 커피를 마시고 있었다. 도착을 하니 한 분이 점심은 먹었느냐고 묻는다. 난 대충 먹었다고 하고, 커피 한 잔만 주문했다. 실은 아침부터 계속 굶고 있었다. 커피를 마시면서 얼른 스터디를 진행하자는 의견이 나왔다. 오늘은 평소보다 시간이 좀 늦어졌으니 서두르자는 말이다. 모두 발표자인 나를 기다리고 있었다.

내 주제 발표 후 동료들과 의견을 교환하고 그날의 모임은 끝났다. 그런데 그 이후에 내가 예상하지 못했던 상황이 펼쳐졌다. 모두 약속이 있다는 것이다. 휴일에는 가족, 연인과의 시간을 보내야 한다는 것이다.

아까 점심 먹었느냐고 묻던 그 동료가 다시 묻는다.

"어떻게 가세요?"

그 당시의 내 목소리와 행동을 아직도 생생하게 기억한다. 히스테릭하게 대답했다.

"어떻게 가긴요. 전철 두 번 갈아타고, 고속버스 타고 내려서 또 시내버스로 갈아타고 가요."

그러면서 인사도 안 하고 쌩하고 와버린 것이다.

카페를 나오면서 난 분개하고 있었다.

'꼭 물어봐야 아나? 여기까지 오는 데 2시간이 더 걸리는데 어떻게 점심을 먹어? 점심 드셔야죠. 뭐 드실래요? 하고 물어봐야 하는 거 아니야? 종일 굶었는데 저녁 같이 먹자고 하는 인간이 하나도 없어. 자기들만 가족이 있나? 자기들은 집이 서울이지만 난 지방이니 배려를 해 줘야 하는 거 아냐? 저렇게 배려심이 없어서 무슨 코칭을 한다고 그래?'

생각할수록 화가 났다. 고속버스터미널에 들러서 쓸데없는 물건만 잔뜩 사서 귀가했다. 늦은 저녁 식사를 한 후에 가만히 앉아 있으니, 낮에 했던 나의 말들과 동료들의 얼굴이 떠오른다.

히스테릭하게 말을 내뱉고 나오는 내 모습은 누가 봐도 화가 난 사람이었다. 영문을 모르는 동료들의 얼굴이 떠올랐다. 점점 불편해진다. 이게 웬 망신이야. 나이가 들고, 공부해도 안 고쳐지는 나쁜 성질을 자책하는 밤을 보내야 했다.

여기서 나의 감정은 무엇이었을까?

처음에는 화와 괘씸함이 느껴졌다. 그리고 어느 정도 시간이 흐르니, 창피함과 서운함이 같이 올라왔다. 동료들이 날 이상한 사람이라고 여길까 봐 걱정도 된다.

'사과할까? 내가 뭘 잘못해서? 아니 뭘 사과해야 하지?'

마음이 복잡하고 심란하기만 했다. 돌이켜보니 친구들과 관계가 소원해진 적이 있었는데, 그 이유가 딱히 없었던 경험이 있었다. 그냥 기분이 나빠서 그 친구와 안 만나는 것이다.

비슷한 경험을 돌이켜보니, 내가 주목을 받지 않는 상황에서 화가 올라온다는 것을 알아차렸다.

나는 당연히 그 공부 모임의 주인공이라 생각했고, 그렇다면 동료가 내 식사를 챙기거나 신경 쓰는 건 당연하다고 여겼다. 그런데 나를 챙기는 사람은 아무도 없었다. 난 그날의 주인공이 아니었다. 그래서 화가 난 것이다.

평소라면 화가 나도 노골적으로 표현하지 않았겠지만, 그날은 매우 힘들고 배가 고픈 상황이어서 자제력을 잃었다. 나중에는 무시당했다는 기분이 들었다. 왜 나는 이런 감정을 느끼는 것일까? 심리학자들은 '메타 감정'이라는 용어로 이를 설명한다.

올라오는 감정 뒤에는 다른 감정이 깔려있다. 이를 '메타 감정(Meta Emotion)'이라고 한다. meta란 '～ 뒤에', '～ 넘어서'라는 뜻이 있으므로, '감정을 넘어선 감정', '감정 뒤에 감정'으로 해석될 수 있다. 그리고 무의식적으로 올라오기 때문에 스스로 알아차리지 못하는 경우가 많다. 메타 감정은 주로 감정이 형성되는 유아기의 경험과 환경, 문화 등의 영향을 받아서 생긴다.

내가 주목받지 않는 상황에서는 무시당한 느낌을 받고, 이를 화로 인식하고 있었다. '화'의 감정 뒤에는 무시, 서운함, 불안함이 깔려있었다.

표면적으로 올라오는 감정뿐 아니라 그 뒤에 있는 메타 감정을 읽어내는 것은 감정 관리에서 중요한 요소이다.

메타 감정을 인식하면 과하도록 민감하게 반응하는 상황이나 상대에 대해 이해할 수 있고 발생한 감정을 관리하기가 쉬워진다.

나에게 같이 식사하자고 권하지 않는 동료는 나를 무시하는 게 아니다. 그 상황을 무시라고 여기는 나의 감정을 처리할 필요가 있는 것이다.

만일 메타 감정을 인식하지 못하면 비슷한 환경에서 같은 반응이 지속해서 일어날 수 있다. 이런 감정으로 친구 관계가 단절됐던 경험이 있다면, 불안, 죄책감도 뒤이어 생겨날 것이다. 감정의 속성상 뒤이어 오는 감정의 크기는 점점 더 눈덩이처럼 커진다.

우리의 뇌는 발생한 감정으로 스토리를 지어내기 시작한다. 뇌는 자신이 용납하기 쉬운 것으로 논리를 만들어 낸다. 그것이 긍정이든 부정이든 상관이 없다. 그저 이해만 되게 하는 것이다. 그런데 안타깝게도 부정의 스토리를 지어내는 경우가 허다하다.

'온종일 굶고 온 사람을 저녁까지 걸러서 보내냐? 내가 그렇게 만만해? 내가 지방에 산다고 무시하나? 내가 밥값 내달라고 그럴까 봐 그러나? 내가 돈이 많고 권력이 있었다면 시간을 더 보내려고 안달했겠지……'

뇌는 끊임없이 조잘대면서 이야기를 만들어 내고 그에 따른 감정을 키우고 보탠다. 나중에는 돈도, 힘도 없는 허무한 인생을 비관한다.

내 동료는 그냥 가족과 시간을 보내려고 했던 것뿐이다. 날 무시한 것이 아니다. 그리고 아이 엄마인 나도 일찍 귀가해야 하는 게 아닌가. 만약 시간의 여유가 있다면, 간단히 저녁 식사를 하고 가겠느냐고 물으려 했는데, 오해한 내가 뒤의 말은 듣지도 않은 것이다.

나의 메타 감정을 인지한 후에 동료들에게 진심으로 사과를 하고 이후의 이야기를 들었다.

내가 인사도 안 하고 가버리니 남은 동료들이 당황했고, 그 이유를 나의 배고픔으로 분석했다고 한다. 배고픈 것도 이유 중의 하나인 것은 맞았다. 인내의 에너지를 배고픔을 참는 데 다 써버린 이후에 일어난 일이기 때문이다. 이 사건을 계기로 내 메타 감정을 인식하고 나니 내가 주인공이 되지 않으면 부정 감정이 올라오는 것에 대해 더는 자책을 할 필요가 없어졌다. 내가 무시당하지 않고 존중받고 싶은 욕구를 알아차리게 된 것이다. 이러한 욕구 인식은 감정 관리뿐 아니라 자기 계발의 동기유발에도 큰 도움이 된다.

어떤 상황에서 감정이 올라오면 그 감정을 그대로 인정하고 이름 붙이기를 해주면 된다. 그것이 메타 감정인지의 여부는 중요하지 않다. 감정에 손잡이를 만들어주듯이 이름을 붙여준다. 자신의 감정을 공감하고 인정해주면 그 뒤에 숨어있는 감정들을 표면으로 올릴 힘을 갖게 된다.

③ 감정 일기를 써라

이번에는 자신의 메타 감정을 인식할 수 있게 도와주는 감정 일기 쓰기에 대해서 알아보겠다.

과민한 반응을 보이는 상황이 있다. 주변 사람은 이런 나를 보고 별나다고 이야기한다. 나 역시 지나치게 반응하는 것에 대한 이유를 잘 모르지만, 후회한다. 그러나 이런 일들이 반복된다.

이와 비슷한 경험이 있다면, 감정 일기를 써 보자. 감정 관리에 도움이 될 것이다.

다음에 소개하는 것은 필자가 써 본 후에, 코칭 수강생들에게 소개해서 큰 효과를 본 방법이다.

❖ 감정 일기 쓰기의 방법

ㄱ. 감정 단어 쓰기

감정에 이름표를 붙인다.

그 순간 떠오른 감정을 그대로 쓴다.

판단이나 논리를 따지지 않고 감정을 표현한다.

예) '나는 오늘 '화'가 났어.', '참 서운해.'

ㄴ. 감정을 일으킨 사건에 관해 쓰기

감정이 올라왔던 장면을 떠올리고 영화를 보는 것처럼 관찰자의 관점에서 써 보도록 하자. 만약 다른 형태의 감정이 올라온다면 첫 번째 감정 단어 옆에 추가로 기재한다. 되도록 판단을 배제하고 사실만 쓰려고 노력한다.

예) 새벽 5시부터 부지런히 움직인 후에 겨우 시간에 맞춰 스터디 모임
에 도착했다.

아침과 점심 식사를 모두 걸렀다.

동료들은 모두 점심을 먹은 후여서 나에게 식사하라고 권하지 않았다.

식사했냐고 묻기는 했다.

스터디가 끝나니 오후 5시 30분이다.

동료들은 저녁 식사 약속이 있다고 빨리 가야 한단다.

아무도 내게 저녁 식사를 같이하자고 제의하지 않는다.

난 온종일 공복인 상태다.

그리고 집에 가는 데 2시간 이상은 걸린다.

화가 나서 동료들에게 인사도 안 하고 나왔다.

버스 터미널에서 충동적으로 쇼핑을 하고 집에 돌아오니 저녁 9시 가까이 됐다.

그리고 늦은 저녁을 먹었다.

ㄷ. 감정의 의미에 관해 쓰기

감정이 일어난 의미는 그 사건에 대한 나의 기대에 해당한다.

예) 다른 동료들은 모두 집이 서울이고 나만 지방에 살기 때문에 내가 서울로 움직이는 것이 합리적이다. 하지만 멀리서 온 사람을 배려해 주는 것은 당연하다고 생각한다. 이미 식사를 끝내고 나만 기다리고 있는 사람들 앞에서 밥을 먹겠다고 하는 건 좀 망설여진다. 그리고 조금만 생각해 보면 내가 점심을 먹을 시간이 없었다는 건 다 알 수 있는 거 아닌가?

누구는 휴일에 가족과 함께하고 싶지 않은가? 그래도 모처럼 시간을 내서 왔는데 나를 배려하고 대우해 준다면 이렇게 행동할 수는 없다. 나를 무시하는 것 같다.

날 무시하는 건 싫다.

→ 감정의 의미(기대)

- 난 대우받고 싶다.
- 난 동료들에게 배려받고 싶다.
- 동료들이 날 대우하지도 배려하지도 않고 내가 중심에 서지 못하니 서운하다.

이때 알게 된 나의 메타 감정은 '서운함'이다.

예전에 이런 비슷한 상황에서 친구와 싸우고 헤어졌던 기억이 떠오른다.

ㄹ. 성찰 쓰기

감정의 의미(기대)를 작성한 후에 인식한 내용을 자유롭게 쓴다.

이때도 여전히 초기감정이 떠오른다면 억누르려 하지 말고 그대로 인정하라.

나의 초기감정은 '화'였다. 하지만 서운함이란 메타 감정을 알아차리고 나니 화는 사라지고 서운함을 느끼는 내 모습을 확인한 것이다. 그러나 초기감정이 사라지지 않는다면 그대로 인정하고 다시 처음부터 시작해 본다.

감정은 에너지이기 때문에 억누르거나 사라지게 할 수 없다. 물이 끓어서 들썩이는 주전자 뚜껑을 누르고 있는 것처럼 위험한 상황이 될 수 있다. 어느 정도 감정이 추슬러지고 난 후에 다시 의미에 관해 써 본다 (의미에 관해 쓸 수 있다는 것은 초기감정에서 벗어났다는 뜻이기도 하다).

예) 난 힘들게 스터디에 참석했기 때문에 동료들에게 인정받고 싶었다.
　　나는 상대방의 상황을 파악하고 미리 알아서 챙기는 게 배려라고 생각하고 있었고 실제로도 그렇게 한다. 만약 내가 동료의 입장이고 다른 회원이 멀리서 온다면, 당연히 식사를 못 했을 거란 것을 알고 식사부터 챙겼을 것이다. 그러나 이건 순전히 내 생각이다. 멀리 이동해 본 경험이 없는 사람들은 식사 시간을 놓친다는 것에 관한 생각을 못 할 수가 있다.

나의 동료들 대부분은 내향적인 사람들이라서 먼저 제안하지 않는 경우가 많다. 만약 내가 온종일 굶어서 배고프니 같이 식사하자고 얘기하면 응했을 수도 있다. 여기서 다시 깨달은 사실은 나는 거절당하기를 싫어한다는 것이다. 만약 내가 식사 제안을 했는데 거절당한다면 무시당하는 기분이 더 심해질 것이기 때문에 불안해한다. 추가로 찾은 나의 메타 감정은 '불안'이다.

이렇듯 메타 감정은 여러 개로 늘어날 수 있다.

나의 성찰을 정리하면 다음과 같다.

- 내가 말하지 않으면 나의 입장을 제대로 아는 사람은 드물다.
- 나의 제안을 거절하는 것은 내 존재를 무시하는 것이 아니다.
- 사람마다 배려하는 방법이 다르다.
- 내 동료들의 성향을 생각하면 나를 배려한 것이다.
- 난 너무 내 위주로 생각했다.

ㅁ. 행동을 선언의 형태로 쓰기

앞으로 비슷한 상황이 발생한다면 어떻게 행동할 것인가에 대한 결심이다.

나는 감정 일기를 통해 내가 거절당하는 것에 대해 서운함과 불안을 같이 느끼고 있다는 것을 알아차렸다. 하지만 이것을 고치기 위해서 결심을 한다고 이 메타 감정들이 바로 사라지는 것은 아니다. 이 상황에서는 발생하는 감정과 메타 감정을 인식하는 것 자체가 중요하다.

내가 먼저 행하기 쉬운 것을 행동으로 정한다.

나의 경우에는 끼니를 거르지 않기로 했다. 뜬금없는 결심 같지만 사소한 것이라도 내가 할 수 있는 것을 선택할 때 변화가 시작된다.

예) 행동 선언: 가능한 한 제때 밥을 먹는다. 혼자여도 식사를 한다.

• Tip •

행동에 대해 선언을 할 때는 언어의 힘을 극대화하기 위해 다음의 형태를 따른다.
- 긍정의 형태로 쓴다. (굶지 않는다 X / 식사는 제때 한다 O)
- 현재형의 형태로 쓴다. (혼자여도 식사할 것이다 X / 혼자여도 식사를 한다 O)
- 짧고 명료하게 쓴다.

감정 일기를 통해 감정을 인식하고 그 감정의 의미(기대)를 살펴보는 것이 중요하다. 그 이후에 그 기대를 충족할 수 있는 건전한 행동 방법을 찾는다. 감정 일기를 쓰면 뇌가 멋대로 스토리를 만들어서 감정이 널뛰는 것을 막는다. 객관적으로 자신을 보고 감정의 원인을 파악하게 되면서 같은 상황에서 똑같은 감정적 반응을 하지 않을 가능성이 커진다.

감정 일기 쓰는 것을 습관화한다면 자신에 대해 많은 것을 깨닫고 자신의 가치관과 신념에 대한 성찰이 가능하다. 어떤 감정에 휘둘려서 마음이 불편하다면 감정 일기 써 보기를 권한다.

일시	
감정단어 (초기감정)	
감정을 일으킨 사건	
사건에서 본 나의 기대	
성찰	
행동 선언	
메타 감정	

[예시 사례]

중간시험을 본 이튿날의 일이다.

시험 본 다음 날이면 성적을 알게 되는데 아들은 성적이 아직 나오지 않았단다. 이유를 물으니 선생님이 아프셔서 그런지 아직 채점을 안 한 것 같다고 하면서 놀이터에 갔다. 미심쩍은 마음에 필통 안을 보니 돌돌 말린 성적을 적은 띠가 나온다.

95, 72, 100, 90 수학 성적이 72점이다.

초등학교 수학 성적이 72점이라니 그것도 내 아들이….

속상하고 거짓말을 한 것이 화가 나서 학원의 다른 아이를 시켜서 아들을 데리고 오라고 했다.

내 손에 들린 성적 띠를 본 아들이 처음 한 말은 "왜 내 가방을 마음대로 뒤져요?"였다.

당황스러웠다.

적반하장도 유분수지. 화가 더 치밀어서 다른 아이들이 있거나 말거나 소리를 지르면서 야단을 쳤다.

"성적은 이 모양이고. 거짓말까지 하면서 뭘 잘했다고 대들어?"

"엄마가 뭔데 내 가방 막 뒤져?"

결국 아들과의 언쟁은 밤까지 계속됐다.

아들은 끝까지 잘못을 빌지 않았고 화를 참지 못한 나는 폭언을 하고 아이에게 매를 들었다.

울면서 잠이 든 아이를 보니 또 속상했다.

자기 전에는 울리면 안 되는데, 말에는 힘이 있어서 나쁜 말은 안 되는데 후회가 올라온다.

일시	20xx xx
감정단어 (초기감정)	속상함, 화

감정을 일으킨 사건	아이가 거짓말을 했다. 오늘 시험 성적이 나왔는데 안 나왔다고 거짓말을 했고, 거짓말을 한 것에 대한 훈계에 반항했다. 수학 성적이 72점이다. 자기 전까지 반성을 안 하고 "엄마가 왜 내 가방을 뒤지느냐"고 울면서 잠이 들었다.
사건에서 본 나의 기대	거짓말을 안 하고 당당하게 문제에 맞서는 사람으로 키우고 싶다. 공부를 잘했으면 한다. 특히 수학 성적이 좋기를 기대한다.
성찰	성찰 1 아이가 거짓말을 안 하길 원하는 이유는 당당한 사람으로 성장하길 바라는 엄마의 마음이다. 아이는 수학 성적이 나쁘니 혼날까 봐 무서워서 엄마에게 말을 못 했겠지. 이렇게 무서워하는 이유는 그동안 내가 너무 수학 성적에 집착했었던 때문일 것이다. 당당한 아들로 크기를 원하면서 용기를 꺾는 말과 행동을 했다. 성찰 2: 공부를 잘하길 원하는 진짜 이유는? 물론 공부를 잘하면 여러 가지로 유리하다. 하지만 특히 내가 수학 성적에 더 예민한 이유는 '창피함'이 원인이다. 수학학원 원장의 아들이 이렇게 수학을 못 하면 곤란하다. 학원 운영에 지장이 있다는 것과 자랑하고 싶은 마음이 작용한 것이다. 이건 순전히 내가 처리해야 할 감정이다. 내 감정 때문에 아이에게 지나치게 화를 냈고 훈계의 방법이 잘못됐다. 내성적인 아이가 다른 사람들 앞에서 혼나는 게 창피해서 자신이 할 수 있는 방법으로 반항을 한 것이다.
행동 선언	엄마라도 잘못한 것은 바로 사과한다. 내 감정은 내가 처리한다.
메타 감정	창피함, 불안

*메타 감정이 찾아지면 쓰되, 초기감정을 인식하는 것으로도 충분하다.
*위의 사례는 이해를 돕기 위해 자세히 상황을 설명한 것이고, 실제로 작
성할 때는 간략하게 정리해도 된다. 자신만 알아보면 된다.

다음 날 아침에 아들에게 사과했다. 아이는 자기도 거짓말을 한 것과 말
대꾸에 대해서 용서를 빌었다. 놀이터에서 좀 놀다가 사실대로 말하려고
했단다.
좀 더 기다려 주면 될 것을 성질 급한 엄마 때문에 아이는 고백 기회를
놓친 것이다.

∷ 4) 감정 관리 기법 EFT와 ESM

동양의학에서는 오래전부터 침술 치료를 통해 인체의 에너지 즉 기
의 흐름을 원활하게 하여 병을 치료했다. 즉 인체의 에너지의 균형을 맞
춰서 자연치유력을 키워서 스스로 몸을 치유할 수 있도록 한 것이다.
EFT(Emotional Freedom Techniques)는 이런 방법을 응용해서 손가락으
로 몸의 경락을 두드리면서 에너지 흐름을 원활하게 하는 방법이다.
'모든 부정적 감정이 인체의 에너지 순환에 혼란을 일으킨다.'
'해결되지 않은 부정적인 감정이 육체의 고통과 질병의 일으키는 가
장 큰 요인이다.'
일상에서 만나는 스트레스 요인이나 부정적인 사건들은 몸의 에너지
순환에 혼란을 만들고, 이로 인해서 여러 가지 부정적 감정이 만들어지
는데, 이러한 부정 감정이 정신적, 육체적 질병을 일으키게 된다는 이
론이다.

EFT는 1980년 무렵에 미국의 로저 칼라한이라는 정신과 의사가 메어리라는 물 공포증 환자를 치료하다가 우연히 발견하였다. 칼라한은 한의학의 경락을 손가락으로 두드리면 부정적 감정이 해소된다는 것을 발견하고 이것을 바탕으로 우울증, 강박증, 불안증 등 종류에 따라 신체의 두드리는 14경락의 순서와 횟수를 달리하여 조합한 TFT라는 기법을 창안했다.

이후 MIT 공대를 나온 엔지니어 출신인 개리 크레이그가 TFT 기법을 배우고 너무 복잡한 방식을 개선하여 EFT 기법을 만들었다. 게리 크레이그는 어떤 심리증상이든 관계없이 15경락을 다 두드려주면서 말을 하면 치유 효과가 있는 EFT 기법에 관련한 자료를 전 세계에 무료로 배포하였다.

1990년에 창시된 EFT는 기초적인 방법만 배워도 누구나 쓸 수 있을 정도로 단순하면서도 모든 부정적 감정(분노, 우울, 공포, 불안 등)에 극적인 효과를 발휘하고 있다. 부정 감정과 더불어 육체의 질병도 해결되는 사례가 보이면서 트라우마, 심리치료와 난치병 치료에 활용이 되고 있다.

ESM(Emotional Self Management)은 심리학자인 조지 프렛과 피터 램브로가 심리치료의 방법 중 효과가 가장 빠르고 높은 성공률을 보여준 자기감정 관리법이다. 이는 지압 점을 두드려 막힌 에너지를 풀어주는 사고장 요법(Thought Field Therapy)에 해당하는 치료법이다.

사고장 요법이란 앨버트 아인슈타인이 처음 언급한 신체 체계의 미세에너지(Subtle Energy)에 바탕을 둔 하이브리드 테크놀로지(Hybrid

Technology) 치료법을 일컫는 포괄적인 용어이다.

ESM은 서양의 인지 치료와 동양의 지압법을 접목해 나온 기법이다. 이 요법을 시행하면서 심리치료 임상에서 95%의 성공률을 기록했고, 이 치료법으로 환자의 정서적 문제뿐 아니라 수반되는 육체적 고통까지 완벽히 사라지는 경우가 많았다고 한다(출처: 도서 『감정을 처리하는 3분 터치』).

ESM 역시 몸의 경혈점을 손가락으로 두드려서 감정과 육체의 문제를 스스로 치료하는 기법이다.

① EFT의 활용법

여기서는 게리 크레이그가 그 방법을 무료로 배포했고 관련 영상이나 자료가 많은 EFT의 방법을 자세히 소개하겠다.

EFT란 본래 감정 치유의 방법이다.

감정을 치유하다 보니 육체 증상이 잘 치료되는 것을 발견하게 된다. 이에 감정과 육체의 증상이 관련이 있다는 경험적 사실이 바탕이 되어 발전하게 되었다. 신체적인 증상이 있다면 병원을 찾아 원인을 제거하는 것이 우선이지만, EFT를 익혀 두는 것은 여러 가지로 도움이 될 것이다.

나는 만성 두통에 시달리고 있었다. 병원에서의 진단은 스트레스! 당시에 나는 아픈 아이의 육아와 교육사업을 병행하고 있었다. 만성피로와 수면 부족으로 시달리고 있었지만, 해결할 방법은 없었다. 병원에서는 마음을 좀 편하게 가지라고 했다. '내가 긍정적이지 못해서 스트레스를 더 받는 것인가?' 이러한 생각 자체가 부담으로 작용하면서 두통은 더욱 심해졌다. 이때 만난 것이 EFT이다.

EFT는 확언을 하면서 손가락으로 몸의 경혈점을 두드리면 몸의 통증이나 부정 감정이 완화되는 효과가 있었다. 감정이 육체적 증상과 관련이 있다는 것이 전제되니 감정 기저에 있는 모든 감정을 찾을 수 있다면 더 큰 효과를 볼 수 있을 것이다. 도서 『5분의 기적 EFT』에 이와 관련된 좋은 예가 있다.

> 『 교통사고로 팔이 절단된 환자가 절단되어 존재하지도 않은 팔에 극심한 통증을 호소하는 것이다. 진통제를 써도 진정이 되지 않는다. 이런 것을 의학 용어로 환지통이라고 한다. 이 환지통 환자에게 팔이 아픈 증상을 제거하는 EFT를 시도했지만 낫지를 않았다. 그러다 이 환자의 핵심 감정은 사고를 내서 자신의 팔을 절단하게 만든 운전자에 대한 분노였다는 것을 발견하였다. 이 분노를 제거하니 환지통 환자는 회복하였다. 』
>
> -5분의 기적 EFT 중에서

위의 예처럼 어떤 통증에 해당하는 모든 감정을 찾기 어려우므로 EFT의 효과가 없다고 느껴질 수도 있다. 하지만 대부분 증상에는 두드림만으로도 완화되는 경험을 할 수 있으므로 시도해 볼 가치가 있다. 메타 감정과 신념을 찾을 수 있다면 큰 도움을 받을 수 있을 것이다.

내 두통의 핵심 감정은 두려움과 버거움이었다. 아토피로 고생하는 아이가 회복되지 않을 거 같은 두려움과 육아와 경제 활동을 같이 해야 하는 그것에 대해 버거움이 스트레스로 작용을 하고 두통이라는 증상으로 나타났다. 진통제를 먹어도 큰 효과가 없었는데. 내 감정을 해소하는 확언을 하면서 경락점을 두드리면 머리가 맑아지는 것을 경험했다.

감정이나 육체적 증상에 대한 핵심 주제를 제대로 찾아서 EFT를 시도한다면 즉각적인 효과를 볼 수 있다. 핵심 주제인지 확신을 못 하더라도 본인에게 불편한 증상에 대해 확언을 하면서 태핑을 해도 좋아진다.

② EFT 기초방법

| 준비단계 |

가. 해결하고 싶은 정신적 또는 육체적 증상이 고통지수 0~10 중 대략 어느 정도인지 생각해 본다.

예) 두통이 심하다. -> 고통지수 8

예) 눈이 침침하다. -> 고통지수 8

나. 한 손의 손날 부분을 다른 두세 손가락으로 가볍게 두드리면서 다음과 같이 3회 반복해서 말한다.

예) 나는 비록 두통이 심하지만, 이런 나 자신을 깊고 완전히 받아들인다. X 3회

예) 나는 비록 눈이 침침하지만, 이런 나 자신을 깊고 완전히 받아들인다. X 3회

〈손날 타점〉

다. 이 (증상)을 말하면서 두 손가락으로 아래의 타점들을 순서대로 각
각 7회씩 가볍게 두드린다.

예) 이 (두통, 눈의 침침함)을 말하면서 아래의 인체 그림의 타점을 순서대
로 두드린다. (번호가 적혀 있는 곳이 타점이다.)

타점 순서: 눈썹 옆 ❶ → 눈 옆 ❷ → 눈 밑 ❸ → 코밑 ❹ → 입술 밑 ❺
→ 빗장뼈 밑 ❻ → 옆구리 ❼ → 엄지 ❽ → 검지 ❾ → 중지 ❿ → 소지
⓫ → 손등 ⓬ **(좌우는 상관없다.)**

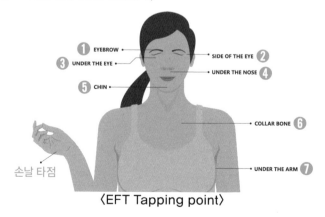

〈EFT Tapping point〉

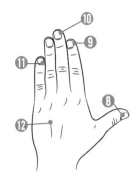

|뇌 조율 과정|

라. 네 번째 손가락과 새끼손가락 사이의 손등(12번 타점)을 두드리면서 아래 동작을 순서대로 한다. (눈동자만 움직인다.)

눈감기 → 눈뜨기 → 왼쪽 아래 내려다보기 → 오른쪽 아래 내려다보기 → 시계 방향으로 눈동자 돌리기 → 시계 반대 방향으로 눈동자 돌리기 → 2초간 허밍 → 1~5까지 숫자 세기 → 2초간 허밍

마. '다'의 전신 타점 두드리기 과정을 한 번 더 반복한다.
예) 이 (두통/눈의 침침함)을 말하면서 눈썹 옆 ① → 눈 옆 ② → 눈 밑 ③ → …… → 손등 ⑫

바. 처음의 1~10의 고통지수가 줄었는지 확인해본다.
만일 전혀 줄지 않았으면, 증상을 좀 더 구체적이고 상세하게 큰 소리로 말하면서 다시 해본다.

사. 남아 있는 증상 반복하기
ㆍ증상이 줄었지만 남아 있는 경우, "여전히 두통이 남아 있지만", "눈의 침침함이 조금 남아 있지만"을 말하면서, 다시 전체 과정을 반복한다. 고통지수가 0이 될 때까지 이 과정을 반복한다.

| 복습을 위한 질문 |

다음 질문의 답을 키워드 중심으로 간략하게 적어봅시다.

Q1 _감정에 대해서 새롭게 알게 된 것은 무엇인가요?

Q2 _나에게 맞는 감정 관리 기법은 어떤 것인가요?

Q3 _무엇을 먼저 실천하고 싶은가요?

Q4 _더 알고 싶은 것이 있다면 무엇인가요?

Q5 _intro 질문을 다시 보면 바뀐 것이 있나요?

PART

4

이제는 실천이다

Q1. 현재 자녀와의 관계는 어떤가요?

Q2. 자녀와 대화가 잘 통하나요?

Q3. 자녀에게 통하는 효과적인 대화법이 있다면 무엇일까요?

Q4. 다음의 상황이라면 당신의 자녀에게 어떤 말을 하겠습니까?

상황 1

초등학생 아이가 고양이를 키우겠다고 떼를 쓴다. 지난번에는 강아지를 키우다가 돌볼 사람이 없어서 할머니에게 맡겨 버린 상태다. 고양이는 잘 키울 수 있다고 우긴다.

상황 2

며칠 뒤에 학교 중간시험이 있는데, 중학생 아이가 가수 콘서트에 가고 싶다고 한다.

상황 3

고등학생 아이가 학교를 그만두고 검정고시를 보겠다고 한다.

Q5. 내 자녀의 가장 큰 장점은 무엇입니까?

Q6. 내 자녀는 어떤 어른으로 성장할 것 같나요?

01

코치형 부모가 되자

:: 1) 왜 코치형 부모가 되어야 하는가?

코치형 부모는 자녀에게 온전히 집중하면서 경청과 공감, 인정, 질문, 피드백을 통해서 자녀 속에 잠재된 창의성, 재능, 목표를 스스로 알아차리도록 영감을 일으킨다. 또한, 자녀와 함께하면서 도전하고 격려하며 스스로에 대한 확신을 키울 수 있도록 돕는다. 자녀가 미처 알아차리지 못한 강점을 인식하도록 돕는다. 이런 부모를 가진 아이는 어떤 사람으로 성장할지 매우 기대된다. 부모도 인간이기 때문에 항상 코치가 될 수 없다. 이렇게 글을 쓰는 나 역시도 코치형 부모인가? 돌이켜 보면 참으로 부끄럽다. 머리로는 아는데 참 실천하기가 어렵다. 그래서 부모도 교육을 받고 훈련을 해야 한다.

물질 만능의 시대에서 겉으로 보이는 성과(학벌, 재산, 외모 등)를 중요시하는 사회 풍토에서 교육받은 부모라면 코치형 부모가 될 수 있도록 훈련을 해야 한다. 왜냐하면, 우리가 그렇게 교육받지 못했기 때문이다.

필자 역시 공부가 매우 중요한 사회 환경에서 자랐다. 어린 시절의 나는 공부를 곧잘 했다. 누가 강요하지 않아도 시험 때가 되면 밤을 새우며 공부했다. 하지만 하나를 깊게 파지 못하는 성향 때문에 공부에는 한계가 있었다. 이것저것 궁금한 것이 많아서, 고등학교 때는 학과 공부보다는 다양한 분야의 책을 읽고 탐색하는 것에 더 많은 시간을 보냈다. 그 결과 주변의 기대에는 못 미치는 대학에 진학했다. 그때는 원하는 대학에 진학하지 못한 것이 아쉬웠는데, 지금 와서 돌아보니 고등학교 시절에 읽었던 책들과 사색이 현재의 나를 만들었다.

내 인생에서 다양한 방면에 제일 유식했던 때는 고등학생 시절이었던 것 같다. 역사부터 철학, 예체능까지 다방면으로 폭넓은 지식을 탐구했다. 대학 입학을 위해 학교 성적이 무엇보다 중요하던 그 시기에, 필자가 다양한 책을 읽고 정신적 소양을 키울 수 있었던 것은 내 어머니 덕택이다. 빠듯한 살림에도 책을 사는 데 돈을 아끼지 않으셨다. 동생과 함께 늘 책을 읽으며 지냈다. 그 시절에는 책 읽는 것이 제일 재밌는 놀이였다. 지금처럼 유튜브 등의 방송 매체가 있었어도 이렇게 책을 읽었을까? 그 답은 잘 모르겠지만, 현재도 책을 우선순위로 두는 것을 보면 어릴 때의 교육은 참으로 중요하다. 그리고 부모님은 필자에게 전폭적인 신뢰를 보내주셨다. 욕심 많고 성질 고약하게 볼 수도 있었는데, 야무지고 똑똑한 큰딸이라는 정체성을 갖게 해 주셨다.

할머니께서는 필자를 보고 종종 이런 말씀을 하셨다. "기집애가 성질이 저래서는 원…", "여자는 그러면 안 돼" 그 말을 들으면 발끈해서 대들었다. "왜 여자는 안 되는데요?" 이렇게 당돌하게 대들 수 있었던 것은, 엄마가 내 편이라는 믿음이 있었기 때문이다. 버릇없는 행동에 야단을 치기는 했지만, 내 어머니는 결코 자신의 신념을 강요하지 않았다.

필자의 부모님은 사전적 정의에 따른 코치형 부모는 아니다. 하지만 두 자녀를 모두 당당한 사회의 일원으로 키워내셨다. 필자와 동생이 사회적으로 성공한 사람들인가 하는 문제가 아니라, 주체적인 자신의 삶을 살아가는 성인이 된 것이다.

코치라는 직업을 가진 필자는 많은 가족을 만난다. 그리고 그들의 자녀를 코칭한다. 무기력하던 10대 청소년이 자기의 가능성을 깨닫고, 눈을 빛내는 순간이면 코치로서 환희를 느낀다. 의기양양해서 "역시 코칭이 최고야"를 외친다. 그런데 다음 회차에 온 그는 원래로 돌아가 있다. 예전의 무기력한 상태이다. 그 원인은 부모에게 있다. 부모는 자녀의 리셋 버튼을 알고 있는 것 같다. 눈빛을 빛내는 아이의 리셋 버튼을 눌러서 원상태로 만든다. 자녀를 사랑하는 부모가 그럴 리가 없을까? 천만에. 많은 부모가 그렇다. 사례를 들어서 설명해 보겠다.

희준이는 매우 명랑한 초등학생이었는데, 중학생이 된 지금은 영 무기력하다. 부모는 사춘기라 그런지 아이가 이상해졌다고 걱정하며 코칭을 의뢰했다. 내가 알던 희준이가 아니다. 사춘기가 원인일까?

먼저 희준이에게 나의 역할에 대해서 알려줬다.

"나는 이제 수학 선생님이 아니야. 코치라고 불러줘, 코치란…"

희준이는 코칭 시간에는 공부하지 않는다는 설명을 듣고 코칭에 동의했다(고객이 동의하지 않으면 코칭을 진행하지 않는다).

첫 세션에서는 DISC 행동유형을 진단하고 자신의 장점을 찾게 했다. 희준이는 사교형과 주도형 기질이 비슷하게 나타났다. 매사에 호기심이 많고, 적극적이어야 본인의 성향에 맞는 것인데, 지금은 안정형의 단점만 보이는 듯하다. (DISC 행동유형에 대한 설명은 SQ를 높이기 위한 실제적인 방법 중 통합지능 편에 자세히 설명되어 있다.)

첫 시간이 재밌었는지 그다음 세션도 자발적으로 참여했다. 뭐 하나 알아서 하는 것이 없던 아이가 코칭은 스스로 간다고 하니, 부모도 좋아했다. 자기 탐색을 통해 자신을 알아가고 요즘에 왜 하고 싶은 것이 없는지, 왜 매사에 짜증만 나는지를 스스로 인식해 가는 과정에서 희준이는 점차 예전 모습을 회복하는 듯했다.

희준이의 아버지는 전형적인 주도형이고, 유명브랜드의 매장을 3개 이상 운영하는 사업가다. 전략적이고 유능한 사람이다. 현재는 기존 브랜드 매장의 점주지만, 점차 자신의 독자적인 브랜드를 만들어서 프랜차이즈 사업을 하고 싶은 목표를 갖고 있다. 외아들인 희준이가 MBA를 전공해 자신의 사업을 물려받아 확장해 주기를 바라고 있다. 그래서 희준이가 가야 할 대학과 전공까지 이미 다 정해 놓고 있다.

그런데 희준이는 아버지의 사업에 별 관심이 없다. 아버지가 바쁜 것은 그렇더라도, 직원들 점심을 직접 해주느라 힘든 엄마를 이해하지 못하고 있었다. 그 어머니 역시 주도형 기질의 여장부 스타일이다. 흔히 말하는 표현으로 손이 크고 빠른 사람이다. 20명이 넘는 직원들 점심을 직접 챙기고 있었다. 잘 먹어야 일도 잘하기 때문에 본인이 식사를 만든다고 했지만, 희준이의 표현은 다르다. 돈을 아끼기 위해서란다. 희준이는 부모를 무시하는 경향이 있었다. 부자인 부모님 덕을 보면서도, 돈만 아는 부모님을 경멸하는 듯한 언행을 보였다.

부모가 희준이의 기질을 이해하지 못하는 데서 문제가 커지고 있었다. 주도형인 부모와 역시 주도형이 있는 아들의 대립이 발생한 것이다. 어릴 때는 사교형의 순발력으로 그럭저럭 지내왔는데, 사춘기가 되면서 갈등이 생기고 있었다. 이러한 갈등은 코치의 관점에서 보면 오히려 고무적이다. 아이에게 주체성이 생긴 것이기 때문이다. 물론 부모에게 예의를 갖추게 하는 것은 필요했다.

부모와 자녀가 모두 주도형인데 대립하게 되면, 자녀는 안정형의 가면을 쓴다. 어린 호랑이는 아빠 호랑이에게 맞서지 않고, 순한 고양이처럼 군다. 이것이 가면을 쓰는 것이다. 이러다 성장을 하면 아빠 호랑이에게 맞선다. 때로는 자신이 고양이라고 착각하고 평생을 살기도 한다. 어떤 경우든 바람직하지 않다.

희준이의 경우는 안정형의 가면을 쓰고 있었다. 배부른 고양이처럼 양지에서 배 깔고 누워있는 모양새다. 그런데 코칭을 하면서 본인이 호랑이임을 알아차렸다. 자기 인식이 일어나면 말이 바뀐다.

새끼 고양이인 희준이는 아버지 말을 잘 들었다. 아니 듣는 시늉은 했다. 그런데 새끼 호랑이로 각성을 하니 제 생각을 말한다. 이것을 아버지는 말대꾸로 여겼다.

희준이는 억울해했다. 자기는 경영학과에 갈 마음이 없다고 이야기했다가 아버지와 다퉜다고 한다. 아빠는 내 장래를 마음대로 정할 권리가 없다고 했더니 그러면 집을 나가라고 했단다. 계약한 4회차 코칭이 끝나고 희준이 부모는 더는 코칭을 시키지 않았다. 공부 동기가 생길까 하고 비싼 돈 들여 코칭을 시켰더니, 애한테 이상한 생각만 심어 준다는 것이다.

희준이는 이때 중1이었다. 중1은 장래의 직업을 선택하기에는 너무 어리다. 중학교 때는 탐색을 해야 한다. 강점, 흥미, 재능 등을 알고 직업에 대해서도 적극적으로 탐색을 하는 시기이다. 충분한 탐색이 끝나고 고등학교 때 진로 준비를 해서. 계열을 정하고, 전공을 선택하면 된다. 아버지가 희준이에게 장래 직업을 강요할 게 아니라, 이 사업의 비전을 함께 그릴 수 있는 시간을 가졌다면 어땠을까? 희준이는 어린 시절부터 바쁜 부모님 때문에 혼자 있는 시간이 많았고, 외로움을 느끼고 있었다. 자신도 모르게 사업에 대한 반감이 있었다. 하지만 사업가적 기질을 가진 아이다. 아이의 기질을 이해하고 그 마음을 읽어 줄 수 있다면, 단순한 말대꾸가 아니라, 자신을 표현한 것이며, 오히려 아이가 성장하고 있음을 알아차릴 수 있다.

희준이가 부모한테 제일 많이 들은 말은 "쓸데없는 데 신경 끄고 공부나 해", "시키면 시키는 대로 해라" 등이다. 이런 말이 희준이의 리셋 버튼이다. 코칭을 통해 자기 정체성을 찾아가던 희준이를 무기력의 상태로 돌아가게 만드는 것이다.

희준이는 누가 강요를 하면 더 어긋난다. 칭찬과 격려를 하며 아버지 사업에 대한 비전을 들려주기만 해도 다른 결과가 나왔을 것이다.

희준이의 경우는 지금도 참 안타깝게 여겨진다. 그 부모님은 경제적으로 성공을 한 분들이다. 근면하고 성실하다. 희준이가 생각하는 것처럼 돈만 아는 사람들이 아니다. 직원들의 식사를 챙기는 것은 복지 차원이다. 나중에 알고 보니, 식사비용은 따로 월급에 포함하고 있었다. 외지에서 오래 살다 보니 집밥이 그리웠던 사모님의 배려였다. 아들에게 자신들을 이해시키기보다는 그저 부모로서의 권위만 내세우니 오해와 갈등이 커진 것이다. 희준이는 그 이후에 모든 학원을 거부했다. 부모님이 하라는 것은 아무것도 안 하겠다며 단식 투쟁까지 했다고 한다. 호랑이로 각성한 것까지는 좋았는데, 힘겹게 자신을 주장하는 희준이가 안타깝고 미안했다. 희준이 부모님이 기질별 대화법만 알았더라도 아들이 단식 투쟁을 하는 상황을 겪지 않았을 것이다. 이후 청소년 코칭의 경우에는 부모가 의무적으로 코칭을 받게 했다.

코치형 부모가 된다는 것은 이만큼 중요한 것이다. 열심히 가르치고 양육했는데, 그게 자녀를 위한 것이 아니라는 것을, 그것도 한참 뒤에야 알게 됐다면 어떨까? 코칭이 모든 해답이 될 수가 없고 부모라고 완벽할 수는 없다. 하지만 가끔은 멈춰 서서 자신을 돌아보고 점검할 수 있는 잣대가 될 것이다. 지금 내가 잘 가고 있나? 좋은 부모인가? 혹시 나의 그릇된 신념을 누군가에게 강요하는 것은 아닌가? 이렇게 자기 점검을 하다 보면 모르고 저지르는 실수가 줄지 않을까??

:: 2) 코칭이란 무엇인가?

코칭의 정의

개인과 조직의 잠재력을 극대화하여 최상의 가치를 실현할 수 있도록 돕는 수평적 파트너십

– 한국코치협회

고객의 개인적, 전문적 기능성을 극대화하기 위해 영감을 불어넣고 사고를 자극하는 창의적 프로세스 안에서 고객과 파트너 관계를 맺는 것

– ICF(국제코치연맹)

"코칭이란 성과를 극대화하기 위해 묶여 있는 개인의 잠재능력을 풀어주는 것이고, 사람들이 코치의 가르침에만 의존하지 않고 스스로 배우도록 도와주는 것이다."

– 티모시 골웨이

"코칭은 코칭 고객 자신의 성과를 극대화하도록 그의 잠재능력을 발현시키는 것으로써, 가르치는 것이 아니라 스스로 학습하도록 도와주는 것이다."

– 존 휘트모어

코칭의 어원은 헝가리 Kocs라는 마을에서 만든 바퀴 4개 달린 마차(Kocsi)에서 유래됐다고 한다. '코치'는 문자 그대로 개인이나 조직을 출발지점에서 원하는 지점으로 이동시키는 운송수단의 의미가 있다. 현재도 영국에서는 택시를 코치라고 부른다. 택시와 마차는 승객이 원하는 목적지로 데려다주는 개인 서비스이니, 처음부터 끝까지 고객의 목적을 달성하는 데 함께하는 최고의 파트너라는 의미로 그렇게 지칭하는 것이다.

1840년대에는 영국대학에서 학생의 수험 지도를 하는 개인 교사를

'코치'라고 부르기도 했다고 한다. 코치라는 말은 스포츠 분야에서 익숙하게 사용된다.

다양한 말로 코칭을 정의하고 있지만, 관통하는 키워드가 있다. 바로 '개인 가능성의 극대화'이다. 코칭은 누군가에게 답을 주는 것이 아니라 스스로 답을 찾아가고 학습할 수 있도록 돕는 것이다. 내 자녀가 자신의 잠재력을 키워 스스로 공부할 수 있다면 이것이야말로 우리 부모가 원하는 것이 아닐까?

미국의 심리학자 매슬로에 따르면, 인간은 자아실현의 욕구가 제일 크다고 한다. 자아실현이란 자신이 본래 지닌 능력이나 가능성을 최대한 발휘하는 것이다.

급변하는 사회에서 스스로 생각하고 스스로 움직일 수 있는 자립형 인재에서 한 걸음 더 나아가 자신의 능력이나 가능성을 최대한 발휘할 수 있는 자아실현형 인재가 바로 영성지능형 인재가 아닐까 한다. 이런 의미에서 코칭은 기존의 교육과 더불어 자녀교육에 중요한 역할을 하게 될 것이다.

코칭의 정의 중에 '파트너십'이라는 용어가 있다. 이는 '서포트'의 의미를 내포하고 있다.

서포트는 '지지하다, 돕다.'라는 뜻으로 코칭의 핵심을 표현한다.

사다리를 이용할 때, 혼자 사다리를 오르려 하면 흔들거리고 불안정하다. 하지만 다른 누군가가 아래에서 붙잡아 주면 사다리는 안정될 것이다. 이처럼 코치는 사다리를 오르는 것에 대한 이론을 가르쳐주기보다는 밑에서 잡아줘서 상대가 마음 놓고 사다리를 오를 수 있게 해준다.

높이 오르는 것을 두려워한다면 그 두려움을 극복할 수 있도록 도와야 한다. 스스로 사다리의 꼭대기에 올랐다면 그 이후에는 더 높은 사다리에 오를 수 있다는 자신감이 생길 것이다. 이는 무력한 누군가를 억지로 끌어 올리는 것이 아니라, 본래 사람이 가지고 있는 능력을 발휘하도록 지원하는 것이다. 코치는 아래에서 떠받쳐 줘서 상대의 능력이나 가능성을 한층 더 발휘하도록 돕는 역할을 한다.

내 자녀의 인생에는 올라야 할 사다리가 수없이 많을 것이다. 낮은 사다리, 높은 사다리, 안정적인 사다리, 불안하게 흔들리는 사다리 등이 존재할 것이다. 때로는 혼자 오를 수도 있고 누군가의 도움이 필요할 수도 있다. 하지만 사다리를 오를 수 있다는 자신감이 제일 중요하다. 그리고 상황을 파악하고 스스로 결정을 내릴 수 있는 지혜도 필요하다. 내가 오를 수 있는 사다리인가? 누군가의 도움이 필요하다면 누구에게 도움을 청할까? 내가 할 수 있는 것은 무엇이지? 어떻게 해야 안전하게 사다리를 오를 수 있지? 이 모든 것을 스스로 해낼 수 있어야 한다. 이는 미래인재에게 필요한 역량이다. 미래인재로 키울 수 있는 교육방식 중의 하나가 코칭이다.

:: 3) 코칭으로 대화해 보자

코칭이 자녀 양육에 도움이 된다는 말은 들었는데 도대체 어떻게 하는 것이 코칭인지 궁금하다. 감정 코칭형 대화를 살펴보면 상대의 말에 공감하고, 인정하고, 반영해 주는 것을 이야기한다. 감정의 공감은 코칭 대화의 기본 요소이다. 코칭에는 대화의 목표를 이루기 위한 구조화된 모델이 필요하다.

구조화된 코칭 모델은 다음과 같은 이점을 제공한다.
첫째, 코칭 대화의 tool을 제공한다.
둘째, 코칭 시 어떻게 해야 할지의 방향과 모범을 제공한다.
셋째, 코칭이 작동하지 않을 때 스스로 진단할 수 있는 도구를 제공한다.

일반적으로 사용하는 코칭 대화 모델에 GROW 모델이 있다.
이 모델은 세계에서 가장 인기 있고 성공적인 코칭 모델 중 하나이다. 훌륭한 코칭의 핵심은 고객의 인식을 높이고 스스로 옵션과 솔루션을 찾고 행동을 취할 수 있도록 돕는 것이다.
GROW Coaching Model은 코칭 목적을 달성할 수 있는 가장 보편적인 프로세스이다. 일반적으로 사용하는 단계별 코칭 질문들을 정리해 보았다.

GROW Coaching Model

G: 목표 – 단기 및 장기 목표 정의

R: 현실 – 현재 상황 및 문제 탐색

O: 옵션 – 해결 가능한 옵션 및 평가

W: 의지 – 실행할 일과 시기 설정

Goal: 목표 설정

목표는 사람이 도달하고자 하는 목적지이다.

코칭 대화를 진행하기 위해서는 명확하고 구체적인 목표를 찾는 것이 중요하다.

- Goal 목표 단계 질문
  - 무엇을 해결하고 싶은가?
  - 이 대화를 통해 얻고 싶은 것은 무엇인가?
  - 무엇에 대해 이야기를 나누고 싶은가?
  - 본인이 원하는 정도는 숫자 1∼10 중 어디에 해당할까?
  - 오늘 어떤 이야기를 나누면 가장 유익할까?
  - 목표를 달성했다는 것을 어떻게 알 수 있을까?
  - 오늘 대화가 끝났을 때 어떻게 변해 있기를 기대하는가?

Reality: 현실 파악(점검)

바람직한 변화를 위해서는 지금 내게 주어진 현실을 점검하는 과정이 필요하다.

- Reality 단계 질문
  - 현실적으로 그것을 이루기 힘든 이유는?
  - 원하는 것을 위해 변해야 할 것들은 무엇일까?
  - 목표를 이루는 데 있어서 장애물은 무엇일까?
  - 그런 일이 얼마나 자주 있는지?

- 문제 해결을 위해 무엇을 시도해 보았는가?
- 현재 상황에 영향을 주고 있는 요소들은 무엇일까?

Option: 대안 탐색

이 단계는 몇 가지 잠재적인 해결책을 찾아내기 위해 창의적으로 생각하는 과정이다. 고객이 스스로 해결책을 만들어 내도록 생각할 시간을 주어야 한다.

Option 단계 질문

- 현실적인 어려움이 있음에도 불구하고 할 수 있는 방법은 무엇이 있을까?
- 또 다른 방법이 있다면 어떤 게 있을까?
- 실행 가능한 해결책으로 3가지 방법을 찾아본다면?
- 해결 방법을 실행할 때 도움이 필요하다면 누구에게 요청할까?
- 다른 결과를 얻으려면 어떤 다른 행동을 해야 할까?
- 다른 사람들은 이 문제를 어떻게 해결할까?
- 무엇이든 가능한 곳이라면, 어떻게 이 이슈가 해결될까?
- 한 발 앞으로 나아가기 위해 무엇이 필요할까?

Will: 실행 단계

원하는 해결책을 위해 실제로 행동으로 옮기는 단계이다.

Will 단계 코칭 질문

- 가장 먼저 해야 할 일은 무엇일까?
- 언제 시작할까?
- 목표를 달성했다는 것을 어떻게 알 수 있을까?
- 목표를 이루려면 무엇이 필요할까?
- 또 다른 옵션을 선택한다면?
- 더 고려해야 할 사항이 있을까?
- 어떻게 하면 목표가 달성될까?

코칭 모델을 기본으로 자녀와 대화해 보자. 코칭 대화의 목적은 아이 스스로 자신의 문제를 해결할 방법을 찾아 실천할 수 있도록 도움을 주는 것이다. 아이에게 답이 바로 나오지 않을 수 있다. 말하는 대로 실천하지 않을 수 있다. 또는 부모가 원하는 결과가 아닐 수도 있다. 그렇다고 원하는 답을 유도하면 아이들이 바로 알아차린다. 그러면 실천의 동기도 생기지 않는다. 그래서 부모의 공부와 인내가 필요한 것이다. 코칭을 통해 자신의 문제를 해결하는 것이 익숙해진 아이들은 어떤 일에든 주도적인 사람으로 성장한다.

코칭의 기본 철학은 '사람은 누구나 스스로 답을 찾을 수 있는 온전한 존재'라는 것이다. 온전한 존재로서 아이들을 바라보고 믿을 수 있다면 많은 것이 변할 것이다. 그것으로 충분하다.

아이를 공부시키기 위한 수단으로 코칭을 사용하지 않도록 하자. 자녀교육의 목적은 미래인재의 핵심역량인 자기주도력을 키우기 위한 것임을 기억하자.

아이들이 필요하다는 것을 알게 되면 스스로 공부할 것이 분명하다. 다만 그때가 각자 다를 뿐이다.

:: 4) 코칭 대화 vs 일반 대화

① 코칭 대화 1

다음은 코칭 프로세스를 충실하게 따른 코칭 대화 사례이다.

엄마: 지원이 요즘에 무슨 고민이 있니?

지원: 아닌데. 왜요?

엄마: 그냥 예전보다 말수가 적어진 것같이 느껴져서.

지원: 음… 이번 학교 축제에서 아이돌 댄스를 하기로 했는데요.

엄마: 친구들이랑 같이하기로 한 거야?

지원: 네. 중학교의 첫 축제니까 한번 해볼까 했어요.

엄마: 네가 댄스를 하는 건 이번이 처음이지? 남들 앞에서 춤을 추려고 결심한 것을 보니 기특한데?

지원: 근데, 친구들한테 나는 이번에는 댄스 안 한다고 할까 생각하고 있어요.

엄마: 축제에 참여 안 하고 싶은 거야?

지원: 그건 아니고요. 축제는 참여하고 싶지만, 댄스는 자신이 없어요.

엄마: 그렇구나. 지금 엄마와 그것에 관해 얘기하고 싶니?

지원: 네. 왜 저는 이렇게 생각이 자꾸 바뀔까요?

엄마: 지원이가 원하는 게 뭔지 생각해 볼까? (Goal)

지원: 혜정이처럼 춤을 못 춰도 자신 있게 나설 수 있으면 좋겠어요. 혜정이는 웃기게 춤을 추니까 더 인기가 많아요.

엄마: 혜정이가 자신 있는 게 부러운 거니?

지원: 그런 거 같기도 해요. 저도 막 나설 수 있으면 좋겠어요.

엄마: 그렇구나. 막 나설 수 없는 이유가 뭐 같아? (Reality)

지원: 음… 막 떨려요. 혼자 할 때는 괜찮은데…….

엄마: 안 떨리면 자신이 있는 걸까?

지원: 생각해 보니 떨려도 잘하는 사람도 많은 것 같아요. 지난번 오디션 프로그램에서도 막 떤다고 하면서도 잘하던데.

엄마: 그래. 네가 긴장되는 데 참고 잘한 때가 기억나니?

지원: 초등학교 2학년 때 피아노 콩쿠르에서 진짜 떨렸는데 끝까지 했던 것이 기억나요.

엄마: 맞다. 그때 지원이가 엄청나게 긴장하면서도 끝까지 포기하지 않았던 것이 기억나. 그런 네가 참 기특했지. 그때는 어떻게 그럴 수 있었을까?

지원: 그때 연습을 정말 많이 했어요. 힘들기는 했는데, 원장님이 잘한다고 칭찬하니까 할만했던 거 같아요.

엄마: 그렇구나. 그럼 이번에도 자신 있게 춤을 출 수 있는 방법이 뭐가 있을까? (Option)

지원: 연습을 좀 더 할게요. 그리고 지금 생각났는데, 내가 남들에게

잘한다는 말을 듣고 싶어 하는 것 같아요. 어릴 때도 원장님이 잘한다고 하니까 신나서 연습했잖아요. 그리고 춤도 내가 제일 잘 춘다는 말을 듣고 싶어요. 그런데 제가 춤을 아주 잘 추는 건 아니잖아요. 뭐 다 잘할 수는 없지요.

엄마: 지원이가 그런 것을 알아차리다니 대단한걸? 그럼 이번에는 무엇부터 해볼래? (Will)

지원: 댄스 연습을 좀 더 할게요. 이번에는 친구들이 함께하니까, 같이 열심히 해볼게요.

대화 분석 | 위의 사례에서 보면 지원이는 코칭 대화에 익숙함을 알수 있다. 엄마의 질문에 적절한 대답을 잘한다. 엄마는 과거에 긴장을 이겨낸 경험을 질문함으로써 지원이가 스스로 자원(열심히 연습함)을 찾도록 했다. 그리고 과거의 경험을 말하면서 지원이는 '자신 없음'이 실제로는 남에게 잘 보이고 싶은 마음이라는 것을 알아차렸다.

코칭 대화가 성공하려면, 먼저 서로에 대한 신뢰가 필수이다. 엄마는 지원이가 스스로 해결책을 찾을 것을 믿어야 하고, 지원이는 엄마와 대화하고 나면 답을 찾을 수 있다는 믿음이 있어야 한다. 이를 위해서는 엄마의 자세가 중요하다. 내향적인 지원이가 긴장을 자주 하는 것이 문제가 아니라, 당연한 것임을 공감해 준다. 그리고 아이를 격려하며 지지해 줘야 한다.

② 일반 대화 1

엄마: 지원이 다음 주에 학교 축제가 있다고 했지? 너는 뭐 하기로 했어?

지원: 친구들이랑 아이돌 댄스 하기로 했었는데, 그냥 안 한다고 할까 봐요.

엄마: 너 춤도 잘 추는 데 왜 안 해?

지원: 그냥 너무 떨린단 말이에요.

엄마: 학교 축제가 무슨 오디션도 아닌데, 뭐가 떨려? 그리고 떨린다고 다 포기해 버리면 앞으로 더 중요한 건 어떻게 하려고 그래?

지원: 나도 아는 데 그래도 떨리는 걸 어떡해요.

엄마: 넌 너무 나약해. 그래서 이 험한 세상을 어떻게 살아갈래? 그냥 눈 딱 감고 해봐. 너 어릴 때도 떨린다고 하면서도 잘했잖아. 도전이 중요한 거야

지원: 엄마가 하는 거 아니라고 그렇게 쉽게 말하지 마요. 그때도 얼마나 떨렸는데, 아 짜증나.

대화 분석 | 엄마의 말에 틀린 것은 거의 없어 보인다. 지원이가 쉽게 포기하지 않고 도전하는 사람이 됐으면 하는 마음이 있다. 그러나 지원이는 엄마의 의도대로 반응하지 않는다. 그 이유는 엄마의 말에서 찾을 수 있다.

첫째, 남들 앞에 서면 떨린다는 것을 공감해 주지 않았다. 오히려 비난조로 말했다(학교 축제가 무슨 오디션도 아닌데, 뭐가 떨려?).

둘째, 아이의 기질과 맞지 않는 조언을 했다. 지원이는 내향적인 기질(안정형 또는 신중형)로 보인다. 그런데 엄마는 외향적인 스타일(주도형이나 사교형)의 조언을 한다(그냥 눈 딱 감고 해봐. 도전이 중요한 거야/도전은 주도형에게 동기유발이 되는 단어이다).

셋째. 상대가 원하지 않는 충고나 조언은 받아들여지지 않는다. 오히려 거부감이 생긴다.

③ 코칭 대화 2

다음은 코칭 모델을 그대로 따르지 않지만 코칭형 대화이다. 일상에서는 다음과 같은 대화가 더 자연스러울 수 있다.

우진: 엄마 이번에 롤드컵 구경 가고 싶어요.

엄마: 월드컵? 올해 월드컵을 해?

우진: 아니. 롤드컵이요. 온라인 게임 롤 월드컵이요. 올해에는 우리나라에서 한단 말이에요. 잠실에서 해요. 꼭 현장에서 보고 싶어요.

엄마: 그런 경기도 있구나. 그런데 요즘 시험 기간 아니니?

우진: 그렇긴 하죠. 시험공부는 미리 해 놓을게요.

엄마: 시험 기간에 더구나 고3이 게임 구경을 간다고 하니, 솔직히 엄마는 어처구니가 없는데.

우진: 저도 엄마가 그렇게 생각할 건 알아요. 그래도 이번엔 롤드컵 결승 경기를 현장에서 볼 좋은 기회예요.

엄마: 게임이라면 화면으로 봐야 하는 거 아닌가? 축구처럼 운동장에서 직접 뛰는 것도 아닌데. 현장에서 보는 것과 집에서 보는 게 무슨 차이인데?

우진: 현장에서 보는 건 다르죠. 선수들이 거기에 있고, 아마 내가 직접 게임하는 것 같은 기분이 들 거예요.

엄마: 엄마도 요즘 e스포츠가 뜨고 있는 건 알아. 무조건 게임이라고 무시할 생각도 없고, 그래도 수능과 시험을 앞둔 학생이 갈 데는 아니라는 생각이 드는 건 어쩔 수 없구나.

우진: 시험공부는 미리 할 거예요. 그리고 집에 있다고 하루 종일 공부만 하는 것도 아니잖아요. 고3도 스트레스를 풀 필요는 있어요. 엄마 약속할게요. 다녀와서는 더 열심히 공부할게요.

엄마: 알았어. 엄마 몰래 다녀올 수도 있었을 텐데 미리 말해 줘서 고맙구나. 그런데 엄마한테 원하는 게 있는 거 같은데?

우진: 입장료는 제 용돈으로 해결되는데요, 이번에 갖고 싶은 기념품을 할인해서 판대요. 그건 엄마가 사주시면 좋을 거 같아서요.

엄마: 어쩌지⋯ (웃음) 알았어. 그 대신 꼭 갖고 싶은 거 한 개만 사는 거다. 그리고 엄마가 잘 몰라서 그러는데, 롤드컵에서 잘하는 선수들은 어떤 재능이 있는 거야? 그것도 운동 신경 뭐 그런 거가 좋아야 하나?

우진: 게임도 머리가 좋아야 잘해요. 전략적 사고도 필요하고요. 그리고 체력도 좋아야 해요. 정말 노력해야 성공할 수 있어요. 어른들이 생각하는 것처럼 게임중독에 빠져서 사람 망치는 그런 거 아니에요. 페이커 이상혁이란 선수가 있는데요, 외국에도 팬이

많아요. 돈도 많이 벌고, 좋은 일도 엄청 많이 해요. K-pop만 국위 선양하는 거 아니에요. 우리나라 선수들을 스카우트해가려고 외국에서 난리예요.

엄마: 너도 게이머가 되고 싶은 거야? 요즘 애들 꿈 중에 게이머가 많던데, 너도 PC방 자주 가잖아?

우진: 엄마, 나도 프로게이머가 되고 싶기도 했어요. 그리고 17살에 입단 테스트를 권유받기도 했고요.

엄마: 입단 테스트를 권유받았어? 근데 왜 그때 얘기 안 했어?

우진: 솔직히 그때는 너무 게임에 빠져서 공부도 안 하고, PC방에서 살다시피 했잖아요. 엄마한테 미안하기도 하고······.

엄마: 입단 테스트를 권유받은 건 가능성이 있어서 그런 거 아냐? 너의 어떤 점을 보고 그랬을까?

우진: 음. 내가 머리가 좋잖아요. 전략을 잘 짜요. 상황 판단도 잘하고, 그런데 치명적인 약점이 있어요.

엄마: 그게 뭔데?

우진: 피지컬이 약해요. 체력이 달리고요. 반응 속도가 느린 편이고요. 머리는 되는데 몸이 안 따르는 거지요. (웃음)

엄마: 우리 우진이의 분석력이 대단하구나.

우진: 무조건 게임 좋아한다고 프로게이머 하겠다는 애들은 바보 같은 거예요. 축구 좋아한다고 국가 대표가 다 되나? 재미있게 즐기면 되는 거죠. 이번만 다녀오고 열심히 공부할게요.

대화 분석 | 코칭 프로세스를 그대로 따르지 않더라도, 자녀의 말을 경청하고 적절하게 피드백한 사례이다. 아들의 말에 동의하지 않는 엄마의 마음도 잘 표현했다(예:솔직히 엄마는 어처구니가 없는데).

수험생임에도 불구하고 롤드컵을 현장에서 보고 싶어 하는 아들의 마음을 표현하게 질문한 것은, 아들에 대한 존중을 표현한다. 시험공부에 충실하라고 권유할 수 있는 상황에서도 아들의 말을 경청하고 관심을 보여준다. 아들의 말에서 칭찬할 것을 찾아내고 표현했다(예: 엄마 몰래 다녀올 수도 있었을 텐데 미리 말해 줘서 고맙구나). 그리고 엄마는 이 대화를 아들이 자신의 장점과 약점을 인식하는 기회로 삼았다(예: 입단 테스트를 권유받은 건 가능성이 있어서 그런 거 아냐? 너의 어떤 점을 보고 그랬을까?). 평소에 이런 대화를 자주 한 아이는 자기를 충분히 돌아보고 인식할 수 있다. 자기가 할 수 있는 것과 없는 것을 구별하고 필요하면 더 노력할 수 있는 능력이 키워진다. 즉 메타인지력이 높아진다.

④ 일반 대화 2

우진: 엄마 이번에 롤드컵 구경 가고 싶어요.

엄마: 월드컵? 올해 월드컵을 해?

우진: 아니. 롤드컵이요. 게임 롤 월드컵이요. 올해에는 우리나라에서 한단 말이에요. 잠실에서 해요. 꼭 현장에서 보고 싶어요.

엄마: 참내, 별게 다 있네. 요즘 시험 기간 아니니?

우진: 요즘 롤이 얼마나 유명한데요? 엄마는 알지도 못하면서.

엄마: 요즘 시험 기간 아니냐고?

우진: 시험공부는 미리 하면 돼요.

엄마: 무슨 소리야? 시험공부는 미리도 하고 닥쳐서도 해야지? 너 백 점 맞을 자신 있어?

우진: 하루 종일 공부한다고 백 점 맞나?

엄마: 그래도 끝까지 최선을 다해야지. 시험 기간에 그것도 고3이 롤드컵인지 뭔지 그따위 게임을 보러 간다는 게 말이 돼?

우진: 롤드컵 상금이 얼마인지 알아요? 이제는 e스포츠가 대세라고요. 도대체 엄마는 아는 게 뭐예요? 시험 백 점 맞는 게 뭐 그렇게 중요해요?

엄마: 뭐라고? 무슨 말버릇이 그래? 그리고 게임 상금이 얼마든 그게 네 거냐? 시끄럽고 공부나 해.

우진: 몰라. 나 그냥 롤드컵 갈 거야. 엄마한테 괜히 얘기했어. 몰래 갔다 올걸.

엄마: 너 그러기만 해봐.

대화 분석 | 청소년과 그 부모에게서 흔히 일어날 수 있는 대화의 형태이다. 서로 감정이 상해서 갈등 상황으로 가는 경우이다.

엄마의 말에서 문제점을 찾아보면 다음과 같다.

첫째, 엄마는 우진이의 게임에 관한 관심을 무시하는 듯한 말을 했다(예: 참내, 별게 다 있네. 그따위 게임을 보러 간다는 게 말이 돼?). 그 결과 우진이는 감정이 상해서 엄마의 모름을 공격한다(예: 엄마는 알지도 못하면서. 도대체 엄마는 아는 게 뭐예요? 시험 백 점 맞는 게 뭐 그렇게 중요해요?).

둘째, 아이의 말에 적절한 피드백을 하지 않는다. 아이는 롤드컵을 엄마에게 설명하고 싶어 하는데(예: 롤이 얼마나 유명한데요. 롤드컵 상금이 얼마인지 알아요? 이제는 e스포츠가 대세라고요), 엄마는 그 마음을 무시하고 본인이 하고 싶은 말인 시험에 관한 질문을 이어간다.

셋째. 시험 기간이지만 게임을 보고 싶어 하는 아이의 마음을 전혀 공감하지 않는다. 또한 아이가 솔직히 이야기한 것에 칭찬하지 않고 비난과 명령의 말을 계속한다.

02

SQ는 개발 교육법

∷ 1) 부모의 SQ를 높이는 게 우선이다

SQ는 생애 전 영역에서 개발할 수 있지만, 개인이 처한 환경과 교육 때문에 역량의 개발 정도와 발현의 속도는 다를 것이다.

자녀의 SQ를 키우기 위해서는 부모의 영성이 제일 중요하다. 부모가 이윤추구 지상주의, 물질만능주의, 성적 지상주의와 같은 기존의 이데올로기에 갇혀 있으면서 자녀에게 영성을 가르칠 수는 없다.

사람은 이미 영성을 가지고 태어난다. 이 점이 동물과 비교되는 인간의 특성이다. 인간이 죽기 전에 후회하는 것들에 관한 내용 중에 물질이나 본인의 욕심에 관한 것은 없다. 더 돈을 모아야 했는데, 더 큰 집에 살아야 했는데, 더 좋은 학교에 가야 했는데, 등의 이야기를 하지 않다. 대부분 용서하지 못한 것, 더 베풀지 못하고 가치 있는 삶을 살지 못한 것에 대해 후회를 한다.

우리의 궁극적인 목적은 잘사는 것이다. 문제는 잘사는 삶이 무엇인지 모르는 데 있다. 일생을 최선을 다해서 살았는데 죽기 전에 후회한다면 잘산 것은 아닐 것이다. 영성이 뛰어난 사람은 기존의 가치와 사회문화에 얽매이지 않고 본인의 삶의 목적을 알고 행동한다. 삶의 목적을 사명, 소명 또는 존재 이유라고 표현하기도 한다.

단순히 SQ를 높이면 성공할 것이란 지식을 가지고는 성공하는 자녀로 양육할 수가 없다. 그 지식이란 것은 늘 시험을 받고 변화하기 때문이다. 내가 하는 게 잘하고 있는 것인지에 대한 믿음이 흔들리는 순간은 언제나 찾아온다. 그리고 사회 환경에 따라 필수 지식이 달라진다.

학습코칭을 하면서 부모들에게 듣는 질문 중에는 선행학습에 관련된 내용이 빠지지 않는다. 선행학습이란 득보다 실이 많다. 그러므로 대부분의 선진국에서는 선행학습을 금지하거나 규제하고 있다. 우리나라도 2014년 9월 이후부터 '공교육 정상화 촉진 및 선행교육 규제에 관한 특별법'을 시행하고 있다. 그러나 여전히 선행학습은 만연해 있다. 교육정책과 대학입시제도의 문제점과 이를 파고드는 사교육 시장의 마케팅 전략이 그 주원인이지만, 부모의 흔들리는 믿음이 그 이면의 문제로 작용한다.

우선 선행학습이 나쁜 이유를 정확하게 모른다. 아이들이 과도한 선행학습으로 스트레스를 받거나 학교 수업이 지루하여 집중력이 떨어지는 것만을 문제로 알고 있다. 선행학습을 하지 않으므로 아이들이 학교 진도를 따라가지 못해서 성적이 떨어지고 결국에는 좋은 대학에 진학하지 못하는 것에 대한 불안이 더 크게 작용을 한다. 그래서 선행학습 학원에 보내는 것이다.

초등학교 때 수학 선행학습을 안 시켜서 중학교에서 수학을 어려워한다고 후회하는 부모들이 많다. 그런데 수학 선행을 시킨 학생들은 모두 중학교에서 수학을 잘할까? 선행학습 없이 교과 진도를 꾸준히 따라온 모든 학생이 중학교 수학을 어려워할까? 한 번쯤 생각해 볼 필요가 있다.

선행학습과 예습은 분명히 다르다. 상위 학년의 교육내용을 6개월 이상 미리 공부하는 선행학습과 다음 수업 시간의 내용을 미리 알아보는 예습을 구분해야 한다.

한 대학교수는 선행학습을 '극장에서 서서 영화 보기'라고 표현했다. 앞사람이 영화를 서서 보고 있다면 그 뒤의 사람들도 서야만 영화를 볼 수 있다. 앉아서 편하게 볼 수 있는 영화를 앞사람 때문에 서서 보게 되는 것이다. 맨 뒤의 사람은 이유도 모르고 계속 서서 영화를 볼지도 모르는 일이다. 또는 영화를 보기 위해 울며 겨자 먹기로 일어나야 할 수도 있다. 남들이 다하니까 나도 하는 것이 맞는 것인지 생각해 보자.

수학에 재능을 보이는 학생이 있고 그렇지 못한 학생도 있다. 당연히 재능이 있는 학생이 더 쉽게 수학 공부를 하게 될 것이다. 같은 시간을 노력해도 더 좋은 성과가 난다. 수학에 재능이 없다면 억지로 선행학습을 시켜도 원하는 결과가 나오지 않는다. 학과 진도를 차근차근 따라가면서 그때 익혀야 할 핵심 내용을 알면 충분하다. 설불리 선행학습을 시켜서 안다고 착각하게 하거나 오히려 공부에 공포심을 갖게 하는 것이 더 문제이다.

선행학습을 금하는 절대적인 이유는 바로 '메타인지력' 때문이다.

메타인지력에서 '메타(Meta)'는 '최상의', '초월의', '최고의'라는 접두어이다. 즉 최상의 앎, 쉽게 말해 '진짜 안다'는 뜻이다. 메타인지력이란 '자신이 아는 것과 모르는 것을 구분할 줄 아는 능력'이다. 구체적으로 인지는 지식을 단순하게 이해하는 것이지만 메타인지는 자신의 지식 상태를 파악하고 그 지식을 적절하게 활용하는 것을 말한다. 인간이 AI를 능가할 수 있는 것이 바로 이 메타인지 부분이다. 메타인지에 대해서는 다시 언급하겠지만 여기서는 선행학습과 관련된 것에 대해서 설명하겠다.

메타인지가 되는 학생들은 시험을 친 후에 자신의 성적이 어느 정도인지를 정확하게 안다. 뛰어난 메타인지력을 가졌다면 적절한 시기에 적절한 도전을 함으로써 학습 속도를 빠르게 가져갈 수 있다. 자신에게 부족한 것이 무엇인 줄 알기 때문에 학습에 필요한 것을 스스로 찾아서 노력하게 되는 것이다.

미국 발달심리학자인 존 플라벨(J. H. Flavell)은 1976년 처음으로 '메타인지'라는 용어를 사용하면서 인간의 인지 능력 중 메타인지의 발달이 가장 중요하다고 강조했다.

중1 학생이 중3 과정의 수학까지 내용을 익혔다면 지금의 시험 성적은 좋을 수도 있다. 시험의 변별력을 키우기 위해 내는 어려운 문제 풀이에 상위 학년의 개념이 도움이 될 수 있는 것이다.

그러나 선행학습을 하면 공부를 하는 데 절대적인 요소인 메타인지력이 키워지지 않는다. 메타인지가 안되는 아이는 자신이 왜 공부하는

지, 어떤 목표로 살아야 하는지, 어떤 계획을 하고 어떤 행동을 해야 하는지 모른다. 결국은 부모들이 제일 걱정하는, 동기가 없어 스스로 하는 게 없는 아이가 되는 것이다. 그리고 일머리가 없는 어른이 된다. 회사에서도 시키는 것만 하거나 일의 효율을 내지 못해 경쟁에서 밀려날 수도 있다.

메타인지력은 SQ를 비롯한 인간의 모든 역량의 필수적인 요소로 매우 중요하다. 이 사실을 제대로 안다면 내 아이를 선행학습에 내맡길 수 있을까?

아이가 성장하면서 학교 공부를 힘들어하거나 시험 성적이 낮으면 부모들은 흔들리기 시작한다. 주변 학부모의 조언과 사교육의 시장의 논리에 굴복하여 선행학습을 시키거나 아니면 끊임없는 걱정과 고민을 하여 자녀를 불안하게 한다. 하지만 부모가 굳건한 믿음을 가지고 있다면 때로는 흔들릴지라도 자신의 교육관을 유지할 수 있다. 부모의 올바른 신념과 가치의 수립은 무엇보다 중요하다. 자녀는 부모를 그대로 닮는다. 주변 환경에 따라 이리저리 흔들리는 부모가 자녀에게 똑바로 세상을 보라고 할 수 있겠는가? 내 자녀가 영성지능을 높여 이 어지러운 세상을 잘 살아가게 하려면 자신의 영성을 높이는 게 우선이다.

다음에 소개하는 내용을 부모 자신에게 먼저 적용하여 체득하기를 권한다.

:: 2) SQ(Spiritual Quotient)의 구성과 개념

SQ는 교육을 통해 개발 가능한 것이며, 다음과 같이 네 가지로 구분하였다.

(1) 개인이 자신을 비롯하여 타인, 자연, 그리고 상위의 존재와 조화로운 관계를 맺을 수 있는 RI(Relation Intelligence: 관계지능)

(2) 자신과 타인, 그리고 상위의 존재를 포함한 관계 속에서 일상적 경험의 한계를 뛰어넘어 새로운 관점에 접근할 수 있는 TI(Transcendent Intelligence : 초월지능)

(3) 개인의 강점과 내적 자원을 통합하여 자신을 성장 및 변화시키고 내적 평화를 유지하는 CI(Consolidatory Intelligence: 통합지능)

(4) 자신의 삶에 목적과 의미를 부여하여 새로운 가치를 생성하고 목적 지향적인 삶을 살아가는 MI(Mission Intelligence: 사명지능)

이 네 가지 지능들은 독립적이지만 상호보완적으로 작용하며 개인의 영성에 영향을 미친다.

각 지능을 설명하기 전의 3개의 질문에 1점부터 5점까지 점수를 매긴다. 총합의 점수가 클수록 관련 지능이 높다.

① RI(관계지능)

매우 그렇다: 5점, 그런 편이다: 4점, 보통이다: 3점, 아니다: 2점, 매우 아니다: 1점

1. 나는 타인을 친근하게 느낀다. (   )

2. 나는 지금 내 생각과 느낌을 알아차린다. (   )

3. 나는 남을 배려한다. (　　)

총합계 점수 (　　)

관계지능이란 개인이 자신을 비롯하여 타인, 자연, 그리고 상위의 존재와 조화로운 관계를 맺을 수 있는 능력을 의미한다. 이는 다중지능이론의 '대인관계지능'과 '자기이해지능'을 포함하는 개념이다.

대인관계지능이 높은 사람은 다른 사람의 기분, 의도, 동기, 감정을 인식하여 구분하는 능력이 높고 대응을 잘한다. 이들은 표정, 목소리, 몸짓 등에 대한 민감성뿐만 아니라 상대방의 기분, 감정, 의도를 읽을 수 있는 단서들을 구분하고 이 단서들에 대해 효과적으로 잘 대응하는 능력이 좋다.

자기이해지능이 높은 사람은 자기 자신에 대해 정확히 이해하고 있다. 이들은 자기의 기분, 의도, 동기, 기질, 욕구 등에 대해 제대로 알고 자기 내면과 원활한 소통이 가능하다. 자기 자신뿐 아니라 타인의 감정과 욕구를 잘 알아차리므로 동기유발을 잘하고 영감을 불러일으키는 리더의 역할을 잘 수행한다. 자신에 대한 이해능력이 좋은 사람은 공감 능력과 자기 존중감이 높다. 이는 공감이 자신이 받아 본 배려나 존중감을 바탕으로 이루어지기 때문이다. 공감은 불필요한 내부적(마음) 갈등을 제거하고 외부적(타인이나 환경) 갈등과 대립을 최소화하고 극복하는 기회를 얻게 한다. 그래서 자기이해지능이 높은 사람은 세상을 보다 낙관적으로 바라볼 힘이 있다.

공감 능력의 바탕에는 '경청'이 있다. 경청은 다른 사람에 관한 관심과 타인의 말을 들어보려는 의도가 내재해 있기 때문이다. 경청하면서 타인의 상황과 처지를 생각해 볼 때 관점이 나에게서 상대에게로 전환이 된다. 관점을 전환하고 상호작용하면서 그 맥락을 이해하는 능력이 향상된다.

자신의 고정관념과 편견에서 벗어나야 진정한 경청이 가능하다. 경청은 상대를 인정한다는 의미이다. 공감은 자신을 이해하고 타인의 의도를 경청하려는 배려와 존중의 표현이다. 결국, 공감은 타인의 내가 하나로 연결되었다는 것을 인정하는 것이다. 인간뿐 아니라 자연 그리고 상위존재와 연결되었다는 것을 알고, 우리가 홀로 떨어져 있는 존재가 아니라 인간, 자연, 우주(신)와의 조화로운 관계 속에서 행복을 추구하게 된다.

② TI(초월지능)

매우 그렇다: 5점, 그런 편이다: 4점, 보통이다: 3점, 아니다: 2점, 매우 아니다: 1점

1. 나는 자아를 넘어 더 큰 나를 발견한다. (　　)
2. 나는 내 안에 무한한 능력이 있음을 믿는다. (　　)
3. 나는 모든 일이 잘될 것이라 믿는다. (　　)

총합계 점수 (　　)

초월지능은 자신과 타인, 그리고 상위의 존재를 포함한 관계 속에서 일상적 경험의 한계를 뛰어넘어 새로운 관점에 접근할 수 있는 역량을 의미한다. 그 범주에는 자기 자신, 타인, 상위존재를 포함한다. 초월지능은 경험의 한계를 뛰어넘어서 초월적 시각을 갖고 보이지 않는 세계와

존재를 인식하고 자각하는 역량이다.

청동기 시대에 해당하는 기원전 3500년에 욥이라는 사람은 성경에 다음과 같이 서술하고 있다.

"그는 북쪽을 허공에 펴시며 땅을 아무것도 없는 곳에 매다시며 물을 빽빽한 구름에 싸시나 그 밑의 구름이 찢어지지 아니하느니라."

욥은 창조주가 지구를 허공에 매달았다고 표현한 것이다. 지구가 우주에 떠 있다는 것은 현대에는 당연하게 여겨지는 이론이지만 고대의 일반인들은 상상도 못 한 개념이다. 하지만 초월지능이 높은 사람은 경험하는 그 이상이 있다는 것을 인식하고 찾기 위해 노력한다. 보이지 않는 힘 만유인력을 찾을 수 있었던 것도 같은 맥락이다.

현대 물리학에서는 우리가 경험하고 있는 3차원의 세계와 다른 차원의 세계가 존재할 수 있음을 밝히고 있다. 우리 우주와 또 다른 우주가 존재하고 다른 차원이 있음을 의미한다. 이를 다중우주 이론이라고 한다. 이는 눈에 보이지 않는 미시적 세계, 즉 양자물리학의 세계로 해석되고 있다. 아인슈타인은 중력파를 발견할 수 있다면 우리의 3차원의 세계와 고차원의 세계가 통할 수 있다고 생각했다.

이후 과학자들은 이 중력파를 찾고자 했고, 2016년에 이 중력파를 찾게 되었다. 중력파를 연구한 과학자 라이너 바이스 팀이 2017년 노벨 물리학상을 받게 된다. 이 중력파를 '아인슈타인의 마지막 수수께끼' 또는 '우주를 보는 새로운 눈'이라고 표현한다. 예전에는 상상도 못 했던 일들이 실제로 존재함이 밝혀지고 있다. 내가 인식하지 못한다고 가능성을 닫아 버려서는 안 된다. 초월지능은 모든 가능성을 열고 사고를 확장 시킬 수 있는 지능이다.

여기서는 관점 전환이 중요한 이유를 '관찰자 효과'를 통해 소개하도록 하겠다.

공부 잘하는 사람들의 특징에 대해 말할 때 대체로 '좋은 머리'가 빠지지 않는다. 특히 학생들은 머리가 좋아야만 공부를 더 잘할 수 있다고 여기는 경우가 많다.

좋은 머리는 유전이기 때문에 후천적인 노력으로 좋아지기 어렵다고 믿고 있으며 자신은 머리가 나빠서 노력해도 성적을 많이 올리기는 어렵다고 생각한다.

과연 머리(지능)는 유전이기 때문에 더 좋아질 수는 없는 것일까?

현재 유전학에서는 DNA 염기서열의 변화 없이도 유전자 발현에 변화가 나타나고 이러한 변화가 자손에게 전해진다는 것이 밝혀졌다. 이러한 현상을 에피지놈(Epigenome)이라 하며, 에피지놈을 연구하는 학문이 후성유전학(Epigenetics)이다.

뇌신경학자 캘롤라인리프 박사는 생각에 따라 발생한 전기가 유전자를 변화시킬 수 있으며 이로 인해 에피지놈 현상이 나타나게 된다고 주장했다.

우리가 어떤 정보를 받고 어떻게 생각하느냐에 따라 유전자가 바뀔 수도 있고 뇌세포도 변화될 수 있다는 것이다.

『물은 답을 알고 있다』의 저자 에모토 마사루는 '물질에 미치는 생각의 영향력'을 얼음 결정으로 잘 보여준 것으로 유명하다. 긍정적인 말과 부정적인 말에 따라 물의 결정이 달라진다는 것이다.

에모토 마사루 박사의 이론은 유사 과학이라는 학계의 비판을 받았으나 이와 같은 생각의 힘에 대해서는 수많은 자기계발서에 인용되고 있다.

현대 물리학에서는 양자물리학의 개념으로 기존 과학에서 설명하지 못하는 현상에 대한 이론적 근거를 마련하고 있다.

양자물리학 분야에서 최고의 권위를 자랑하는 이스라엘의 와이즈만 과학원은 1998년 실시한 이중슬릿 실험을 통해 '관찰자 효과'를 발표했다.

물질을 쪼개고 쪼개서 남는 가장 작은 입자를 미립자라고 한다. 과학자들은 미립자를 관찰하는 실험을 했는데, 관찰자가 바라보면 미립자는 고체 알갱이처럼 움직이지만, 관찰되지 않은 미립자는 물결처럼 움직였다. 같은 미립자가 입자이면서 동시에 파동이다. 미립자는 당연히 고체 알갱이인 입자라고 생각하고 관찰을 하면 입자의 형태를 보이지만 과학자가 관찰하지 않을 때는 물결(파동)의 모습을 나타낸 것이다.

이처럼 미립자는 사람의 생각을 그대로 읽어내고 자신의 움직임을 관찰자의 생각에 따라 결정했다. 이 실험을 두고 세계적인 물리학 전문지 〈물리학 세계(Physics World)〉에서는 이 실험을 '인류 과학상 가장 아름다웠던 실험'으로 선정했다.

양자물리학자 울프 박사는 이러한 관찰자 효과를 '신이 부리는 요술'이라고 불렀다.

밀란 쿤데라의 소설 『정체성』에서 관찰자 효과의 예를 볼 수 있다.

『밀란 쿤데라의 소설 '정체성'의 주인공 샹탈은 어린 아들이 죽은 후 남편과 이혼하고 연하의 연인 장마르크와 살고 있다. 샹탈은 남자들이 이제는 자신을 쳐다보지 않는다면서 늙어가는 처지를 서글퍼한다. 장마르크는 샹탈을 기쁘게 해주기 위해 익명으로 그녀에게 편지를 보내기 시작한다. 샹탈이 익명의 연애편지를 받고 처음 느낀 감정은 '불쾌함'이었다. 구애가 아닌 조롱이라 느꼈다. 하지만 편지가 거듭될수록 샹탈은 자신을 숭배하는 낯선 남자에 의해 점차 변해가기 시작한다. 여자의 자긍심과 매력을 찾아간다. 늙어가는 서글픈 여자가 아니라 사랑받는 매력적인 여자로의 정체성을 갖게 되는 것이다. 』

늙어가는 여자와 누군가의 사랑을 받는 매력적인 여자 중에 어떤 정체성을 갖느냐에 따라 현재의 모습이 변화할 수 있다. 이는 자신을 어떤 생각을 가지고 관찰하는가에 따른 결과이기도 하다.

나는 머리가 나쁘고 타고난 지능은 변하지 않기 때문에 공부를 못한다는 믿음을 가지고 자신을 바라본다면 결코 공부 동기는 생기지 않을 것이다.

부모의 자녀에 대해 믿음도 아이들의 정체성에 큰 영향을 미친다. 무한한 잠재력을 가진 한 인격체로 바라보는 부모와 이렇게 공부도 안 하면서 성공할 수 있을까 하는 걱정으로 전전긍긍하는 부모는 자녀를 대하는 언행이 다를 것이다.

연애편지를 쓰기 위해 샹탈을 관찰하는 장마르크는 이전에는 보지 못했던 연인의 장점을 발견하기 시작한다. 그는 샹탈의 매력을 더 느끼게 되고 점점 더 사랑하게 된다.

인간은 보고자 하는 것을 보게 된다.

현재 처한 상황과 보이는 현상에만 시야가 국한되면 인간의 잠재력을 발휘하기 어렵다. 장마르크처럼 내 자녀의 잠재력과 장점을 보도록 하자.

또한, 내 자녀가 자신의 무한한 가능성을 믿고 노력할 수 있는 사람으로 성장할 수 있도록 도와야 할 것이다.

이를 위해서 일상적 경험의 한계를 뛰어넘어 새로운 관점에 접근할 수 있는 능력인 초월역량을 키우기 위한 교육이 필요하다.

③ CI(통합지능)

매우 그렇다: 5점, 그런 편이다: 4점, 보통이다: 3점, 아니다: 2점, 매우 아니다: 1점

1. 나는 내 장점을 잘 알고 있다. (   )
2. 나는 나의 삶에서 일어나는 일들을 통제할 수 있다. (   )
3. 나는 힘든 상황에서도 마음을 고요하게 할 수 있는 힘이 있다. (   )

총합계 점수 (   )

통합지능은 개인의 강점과 내적 자원을 통합하여 자신을 성장 및 변

화시키고 내적 평화를 유지할 수 있는 능력을 의미한다.

초등학생 영준이는 학원장으로서는 신경이 쓰이는 아이였다. 명랑하지만 산만하여 수업 분위기를 해치기 때문에 영준이가 속한 반의 선생님은 언성을 높이기 일쑤였다. 학교에서의 수업 태도도 마찬가지여서 선생님께 자주 혼난다고 한다. 성적도 신통치는 않았다.

영준이가 5학년이 되면서는 좀 달라졌다. 야단을 쳐도 주눅이 드는 법이 없던 아이였는데 선생님이 농담으로 건넨 말에도 발끈해서 덤비고 친구들과 자주 싸우는 공격성을 보이는 것이다. 사춘기의 특성인가 싶기도 했지만 명랑하고 친구 관계도 좋았던 아이라 그 변화가 걱정스러웠다.

어느 날 수업 중간에 영준이가 교실에서 나왔다. 담당 선생님이 공부 안 하고 방해할 거면 나가라고 했단다. 밖에서 서성대는 영준이에게 무슨 일이냐고 물었더니 선생님이 나가라고 해서 나왔는데 뭐가 문제냐고 되받아친다. 공부하기 싫으면 오늘은 그냥 집에 가도 된다고 했더니 그러면 엄마한테 혼나기 때문에 수업 끝나는 시간에 가겠다고 했다.

다음은 그때 영준이와 나눈 대화이다.

"그럼 수업 끝날 때까지 원장실에 있을래?"
"그러죠, 뭐. 이거 먹어도 돼요?"
"그래, 근데 너 요즘 좀 달라진 거 같아."
"뭐가요? 아닌데요."
"너 공부하기 싫으면 나가라는 말을 오늘 처음 들은 것은 아니잖아.

그런데 오늘은 왜 나왔어?"

"그냥 짜증 나서요. 맨날 혼만 나고."

"학교에서 무슨 일 있었니?"

"뭐 별일은 없어요."

"요즘은 기분이 별로 안 좋은 거 같은데?"

"선생님도 애들도 저를 다 무시하는 것 같아요. 하긴 뭐 공부도 못하고 머리도 나쁘니. 저는 왜 잘하는 것이 없을까요?"

영준이는 자존감이 무척 떨어져 있는 상태였다. 매사 긍정적이고 활발했던 아이라 안타까운 마음이 들었다.

다중지능 이론에서 보면 영준이는 대인관계지능이 매우 높은 아이다. 새 학년이 되고 나서 며칠만 지나면 반 친구들의 이름과 사는 곳까지 거의 다 알았다. 그리고 학교 소식통이라 웬만한 일은 영준이에게 물어보면 된다. 1년이 지나도록 자기 반 친구들 이름을 다 못 외우는 내 아들과 비교하면 영준이는 참 신기한 아이였다.

학원에 신입생이 오면 제일 먼저 영준이가 알아차리고 그 학생에 대해서 이러쿵저러쿵 정보를 제공해 주곤 했다.

눈치도 빨라서 장난을 치다가도 적당히 그만둘 줄도 알고 유머 감각이 있어서 친구들 사이에서 인기도 좋았다. 리더십을 갖춘 멋진 청년으로 자랄 것으로 보였다. 그런 영준이가 자존감과 자기효능감을 잃고 방황하고 있는 것이다.

"네가 왜 잘하는 게 없다고 생각해?"

"공부를 못하잖아요."

"왜 공부를 못할까?"

"그야 머리가 나쁘니까."

"머리가 좋은 아이들은 어떤데?"

"음……. 수학 문제도 잘 풀고, 외우기도 잘하는 거 아녜요?"

"넌 잘 못 외우니?"

"전 정말 못 외워요. 어휴, 어제는 태정태세문단세인가? 외우라고 하는데 그딴 걸 어떻게 외워요?"

"태정태세문단세까진 외웠네."

"원장님도 참…. 거기까진 누가 못 외워요."

"참! 지원이네 이사 했다던데. 어디로 갔더라?"

"지원이네 다음 주에 이사 가요. 한빛 ○○ 아파트로요."

"넌 어떻게 그런 걸 다 알고 기억하냐? 선생님도 같이 들었는데 난 잊어버렸네."

"그냥 아는 건데요."

"넌 참 기억력이 좋은 거 같아."

"아니에요. 그런 거 잘 기억해 봤자 뭐에 써요. 공부도 못하는데."

"현진이 형 알지?"

"네, 그 형은 공부 잘하지요?"

"응 공부는 잘하는 편이지. 근데 현진이는 작년에 같은 반이던 친구 이름도 모르더라."

"진짜요? 어떻게 친구 이름을 모르지?"

"그러게 말이다. 나도 이해가 안 가. 지금 반 친구들 태반은 얼굴도 모를걸."

"헐……."

"그런데 신기하지 않냐? 그렇게 이름과 얼굴도 못 외우는데, 공부는 잘해."

"진짜 잘 못 외워요?"

"어, 못 외워. 그래서 이유를 물었더니 관심이 없대. 친하지도 않은 애들 이름을 뭐하러 외우냐고 하던데?"

"저는 저절로 외워지던데요."

"영준아. 네가 머리가 나빠서 잘 못 외운다고 했지? 그런데 너는 친구들 이름뿐 아니라 사는 곳 그리고 전화번호도 잘 외우던데. 맞지?"

"네 친구 전화번호는 거의 외워요."

"현진이 형이랑 영준이 너랑 뭐가 다른 거 같니?"

"……잘 모르겠는데요."

"내가 볼 때는 관심 분야가 다른 거 같아. 넌 사람에게 관심이 많고 현진이는 책에 관심이 많아."

"아, 전 책 읽기 진짜 싫은데요. 친구들하고 노는 게 더 좋아요."

"그래 사람들은 다 자기가 좋아하고 관심 있는 걸 잘하는 거야. 영준이 너는 공부에는 관심이 없으니까 하기 싫고 더 못 외우게 되지. 그런데 공부를 잘하고 싶으면 노력은 좀 해야 해."

영준이에게는 그동안 자신의 장점을 알 기회가 없었다. 공부는 못하면서 쓸데없는 데만 신경 쓴다고 여기고 있었다. 그 원인은 주변 어른들에게 있다. 산만하고 수업을 방해하니 선생님들에게는 부산스러운 아이고 그 부모는 그저 극성스럽고 개구쟁이인 아들일 뿐이다.

　필자의 아들은 아토피를 앓고 있으면서 내향적인 성향이라 폭넓게 친구를 사귀지 않았다. 한두 명의 친구와 놀았고 그 외에는 관심도 두지 않아서 1년 동안 같은 반 아이의 이름도 몰라서 당황했던 적이 있었다. 내가 보기엔 차라리 영준이처럼 성적은 좀 떨어져도 건강하고 외향적이어도 좋겠다고 생각하곤 했다.

　다행히도 난 인간의 재능은 각자 다르므로 그 재능을 키워주는 것이 중요하다는 것을 알고 있어서 영준이에게 조언해 줄 수 있었다. 물론 내 아들에게도 외향성을 강요하지 않았다.

　이후 영준이는 학원에서 수학을 배우는 것은 중단하고 학습 동기와 습관을 잡는 학습코칭을 지속해서 받았다. 자신에 대해 제대로 알게 되니 우울감과 공격성이 사라지고 자존감을 회복하여 본래의 밝은 모습으로 돌아왔다. 성적을 올리는 데는 시간이 걸리긴 했지만 스스로 목표를 설정하고 자신의 자원을 활용하여 자기주도학습이 가능해진 것이다.

　청소년뿐 아니라 성인도 자기 탐색이 제대로 되지 않은 경우가 많다. 몇 년 전에 모 기업체의 새내기 직무탐색 강의를 했다. 명문대를 졸업해도 대기업에 취직하기는 어려울 때라 그 기업에 당당히 취업했으니 그 신입사원들은 행운아라고 봐도 좋을 것이다. 아마 그들의 부모는 동네 잔치라도 하지 않았을까?

　해당 직무분석을 하고 거기에 맞는 역량 유형 그리고 앞으로 업무를 잘하기 위한 개발전략 등을 강의하고 마쳤다. 패기에 찬 신입사원들 교육을 하고 나면 나 역시 기운이 난다. 그날도 즐겁게 강의를 마치고 홀가분한 마음으로 정리를 하고 있는데 한 청년이 다가와서 상담을 요청했다. 오늘 교육을 듣고 보니 본인은 이 회사에 잘 안 맞는 것 같단다. 공대 기계과를 졸업하고 중공업 계열의 대기업에 취직했는데 아무래도 아닌 거 같다고 강사님이 조언을 좀 해주시면 좋겠다고 했다.

순간 나는 당황했다. 실제로 그 청년은 공과 계열보다는 인문사회계열이 잘 맞는 성향이 강했다. 성격유형과 흥미 유형 모두 그 직무에 안 맞고 오히려 반대의 성향이라 앞으로의 회사 생활에서 갈등이 커질 수는 있었다. 하지만 그 직무에 맞는 해당 자격증까지 취득해서 높은 경쟁률을 뚫고 취업에 성공한 신입사원에게 이 직장은 잘 맞지 않으니 미래를 생각해서 그만두라고 조언할 수도 없는 노릇이니 난감했다. 진로는 간단히 결정할 수 있는 문제가 아니다.

성격과 흥미 유형뿐 아니라 인생의 목적과 가치가 이 일로 인해 성취될 수 있을지 찾아보는 것도 필요하다고 조언했다. 다음 날 강의가 회사의 비전과 가치에 관한 내용인 것을 알았기에 그 강의를 듣고도 혼란스러우면 따로 연락하라고 명함을 주고 돌아왔다. 이후에 연락이 오지는 않았지만, 그 청년을 생각하면 지금도 마음이 안 좋다. 자기 탐색과 진로 탐색이 안 된 상태에서 대학에 진학했고 취업까지 한 것이다.

사회 초년생뿐 아니라 퇴직을 하고 재취업과 창업을 준비하는 중장년층도 사정은 마찬가지이다. 2020년 5월 1일부터는 『고령자고용법 시행령』 개정에 따라 1,000명 이상의 노동자를 고용한 기업은 정년, 희망퇴직 등 비자발적인 사유로 이직하는 경우에 전직 훈련을 의무적으로 제공해야 한다.

전직 지원프로그램에 참여해서 만난 분 중에도 자기 탐색이 제대로 안 된 사람들이 많았다. 통합지능이 높은 사람들은 자기 탐색에 능하다.

자기 탐색이란 자신의 성격유형, 가치관, 인생의 목표, 장단점, 흥미, 재능, 강점 욕구 등을 아는 것이다. 이외에 나의 성장을 방해하는 요소를 알아차리는 것도 중요하다. 이러한 방해 요소를 심리상담과 코칭에서는 그레믈린(Gremlin)이라고 한다.

그레믈린은 리처드 칼슨이 개발한 개념으로써, 인간이 삶 가운데 현상 유지를 원하는 사고 과정이나 감정들을 일컫는 말이다. 내면의 방해꾼인 그레믈린은 우리의 변화를 가로막고 약점과 실패를 지적하면서 의기소침하게 한다. 자신의 의지박약, 능력부족 등을 탓하게 하면서 심신을 침체시킨다. 슬럼프의 원인이 되기도 한다.

인생에서 무엇인가를 시도하고 노력하는 데 번번이 실패한다면, 내 안의 그레믈린이 무엇인지를 아는 것이 매우 중요하다. 자동차의 엔진이 아무리 좋아도 자갈밭에서는 제 성능을 발휘하기 어렵다. 엔진은 인간의 자원(재능, 강점 등)에, 자갈은 그레믈린에 해당한다. 나의 전진을 방해하는 것이 무엇인지를 알아야 그 해결책을 찾기가 쉽다. 자갈을 발견했다면 걷어낼지 다른 길로 돌아갈지, 또는 시멘트를 부어서 길을 만들지 등의 결정을 내릴 수가 있다. 이런 결정을 내릴 때는 자기 자원인 재능, 강점, 성격유형 등을 활용한다.

통합지능이 좋은 사람들은 자신의 계획을 실행할 때, 자신의 자원(재능)을 잘 활용하며, 다른 자원(타인 또는 사회 시스템)에서 도움을 적절히 구한다.

④ MI(사명지능)

매우 그렇다: 5점, 그런 편이다: 4점, 보통이다: 3점, 아니다: 2점, 매우 아니다: 1점

1. 나는 주어진 모든 일에서 의미를 발견한다. (　　)

2. 나는 내가 사는 이유를 안다. (　　)

3. 내 삶은 의미와 목적이 있다. (　　)

총합계 점수 (　　)

사명지능은 자신의 삶에 목적과 의미를 부여하여 새로운 가치를 생성하고 목적지향적인 삶을 살아가는 역량을 의미한다.

인간의 의미 추구는 삶의 가장 큰 동기이다. 이 의미는 오직 그 자신만이 충족시킬 수 있고, 자신이 충족시켜야만 한다는 점에서 특별하다. 오직 그때에만 의미는 의미를 향한 그 자신의 의지를 만족시킬 수 있는 중요성을 얻는 것이다.

– 빅터 프랭클, 『죽음의 수용소에서』

청소년들에게 꿈을 적어보라고 하면 직업을 적는 경우가 많다. 그 당시에 유행하는 것이 주로 후보군으로 오른다.

최근에 주로 나오는 직업은 '건물주, 유튜버, 아이돌, 축구선수'이다. 물론 판사, 의사 등은 언제나 등장하는 직업군이다. 나이가 들어갈수록 이마저도 적지 못한다. 유치원생이나 초등 저학년생은 다양한 직업을 자신 있게 적어낸다. 하지만 학년이 올라가고 성적이 저조할수록 희망하는 직업군이 줄어든다. 꿈이 없다고 답하는 경우도 흔하다.

질문을 바꿔서 인생의 목적을 물어보면 대답하지 못한다. 누가 물어본 적도 없고, 생각해보지도 않은 것이 '인생의 목적'이다. 하지만 인간은 누구나 인생의 의미를 찾아가게 태어났다. 삶이란 단순히 일상을 살아가는 것이 아니라 인생의 목적을 찾는 과정이다. 인생의 의미(Life Meanings)는 행복한 삶의 토대를 이룬다.

인간은 우주의 한 부분이 될 만한 가치가 있을 만큼 중요한 삶의 의미를 찾아야 하는 사명을 지니고 태어났다. 삶의 의미를 충족시키는 것이 인생의 목적이다.

갑자기 무엇을 해야 할지 몰라 당황한 적이 있나? 명확한 목적이 없으면 인생은 무의미하고 살아갈 동력이 약해진다. 그때그때 느껴지는 행·불행의 감정과 달리, 인생의 의미는 우리 삶의 방향을 인도할 뿐 아니라 존재의 가치와 보람을 느끼게 해준다.

의미 치료(Logo Therapy)를 창시한 빅터 프랭클(Victor Frankl)은 '인간은 근본적으로 의미를 찾는 존재이다'라고 하였다. 의미는 강력한 삶의 동력이다. 프랭클은 아우슈비츠 강제수용소에서 겪은 극단적 고통과 극복의 경험을 바탕으로, 인간에게 있어 삶의 가장 본질적 원천은 '의미에의 의지'라고 하였으며, 의미를 찾는다는 것은 곧 삶에 있어서 목표를 갖는 것이라 하였다.

진정한 '꿈'은 인생의 의미와 목적을 찾아야 알 수 있다.

직업은 목적이 아니다. 수단일 뿐이다. 목적이 무엇인지도 모르는 상태에서 수단을 위해 살아간다는 것이다. 이는 방향을 모르면서 열심히 달리고 있는 것과 마찬가지이다. 한참 달렸는데 내가 가고자 하는 방향이 아니라면? 최선을 다해서 뛰어왔는데 나의 목적지와 반대 방향으로 가고 있음을 알게 된다면 어떨까? 내가 가야 할 길을 아는 것은 중요하다. 그 길을 찾는 것은 인생의 의미를 찾는 것으로부터 시작한다. 인생의 의미를 찾고자 노력한다면 분명히 다른 것이 보이기 시작할 것이다. 적어도 꼭두각시처럼 남이 시키는 대로 살아가지는 않을 것이다. 주체성을 갖고 인간답게 살아갈 수 있을 것이다.

심리학자인 바우마이스터(Roy Baumeister)와 보스(Kathleen Vohs)에 따르면, 의미의 본질은 연결(Connection)이다. 서로 다른 두 존재를 연결하여 관계를 덧씌우는 것이다. 그 연결성은 물리적 세계에 실재하는 게 아니라 인간이 마음속에서 부여하거나 인식하는 것이다.

의미 있는 삶은 자기 존재보다 더 큰 무엇과 하나가 되는 삶이다. 자신을 다른 존재와 연결할 때 인생의 의미를 발견할 수 있다. 그래서 연결되는 그 존재(가족, 직장, 사회, 국가, 인류 또는 신념, 가치, 신)가 더 클수록 삶의 의미도 그만큼 더 커진다. 그 존재와의 연결 속에서 그것을 위해 공헌하면서 존재한다는 믿음이 바로 인생의 의미이다.

인생의 의미는 삶을 가치 있게 느끼고 인생의 방향과 목적의식을 분명하게 하는 힘이 있다.

일관성을 부여할 수 없는 변화무쌍한 현시대에서 우리의 자녀에게 가르쳐야 할 것은 무엇일까? 어떠한 상황에서도 삶의 방향을 알고 역경을 극복하여 자신의 길을 갈 수 있게 해주는 힘을 키워야 한다.

신경생물학자이자 뇌 관련 연구의 세계적인 권위자인 볼프 싱어(Wolf Singer)는 인간의 뇌 신경 조직에 SQ의 기초가 되는 신경 진동 과정이 있다고 하였다. 인간은 이 신경 진동을 통해서 경험에 의미와 가치를 부여하고, 삶의 목적을 결정할 능력을 갖추게 된다는 것이다.

03

SQ를 키우는 실제적인 방법

SQ는 누구나 키울 수 있는 역량이다. 그것을 키우는 방법을 생활 속에서 꾸준히 실천할 때 향상될 수 있다. 단기 속성 교육으로 접근을 한다면 이 또한 지식의 형태로 남을 수 있다. 그러므로 일상생활 속에서 자연스럽게 접하고 활용할 수 있는 방법 위주로 소개하겠다.

:: 1) RI(관계지능) 키우기

좋은 관계란 서로 존중하고 인정하는 평화로운 관계이다. 대인관계가 좋아지려면 의사소통이 잘 돼야 하고, 의사소통이 잘 되려면 공감 능력이 있어야 한다.

공감의 전제 조건은 경청(傾聽, active listening)이다. 경청은 상대방의 말을 귀 기울여 듣는 것을 가리키는데, 들리는 말만 그냥 듣는 게 아니라 들리지 않는 마음의 소리까지도 적극적으로 듣는 것이다. 다른 사람의 말을 열심히 듣기만 해서는 그 사람의 감정과 숨은 뜻을 헤아리기 어렵다. 경청이란 표면적인 메시지(말) 외의 말 이면의 감정, 욕구, 의도를 듣는 것이다.

내 자녀의 공감 능력을 어떻게 키워 줄 수 있을까?

자신의 감정에 충분히 공감을 받고 자란 아이가 다른 사람을 공감할 수 있을 것이다. 아이의 공감 능력은 부모로부터 받은 존중과 공감의 경험으로부터 시작된다. 부모가 자녀의 말에 공감하고 경청한다면 아이의 마음을 안정시키고 의식을 확장할 수 있다.

① RI(관계지능)를 키우기 위한 감정 공감

11세 승은이는 곧 울음을 터뜨릴 표정이다. 명랑한 아이였는데?

이유를 물어보니 선생님께 혼났단다. 밤늦게까지 그린 것을 깜빡하고 안 가져가서 숙제를 안 한 것이 되어버렸단다.

"어젯밤에 그림 그렸어요. 진짜예요."

밀린 숙제를 밤늦게까지 하고 늦잠 자는 통에 준비물을 잘 못 챙겨서 생긴 일인 듯하다. 승은이는 평소에 일을 닥쳐야 하는 습관이 있었다. 학원 숙제도 간신히 해 오거나 시간이 부족하다고 불평하는 경우가 잦았다.

결국 울음을 터뜨리는 것을 보니 많이 속상한 듯 보였다.

"승은아. 선생님께 혼나서 매우 속상한가 보구나. 어쩌냐?"

"속상하기도 하고, 기분도 나쁘고, 잉잉. 억울해요."

"응? 억울해?"

"제가 분명히 했다고 그랬는데 선생님이 내 말을 믿지 않고, 안 가져온 것도 안 한 거라고… 흑흑."

"아. 그렇구나. 억울하겠네."

조금 더 울던 승은이는 "하긴, 선생님이 집에 있는 걸 어떻게 알겠어요. 안 가져간 제 잘못이죠. 다음부터는 먼저 하고 가방도 미리 챙겨놔야겠어요."

내가 하고 싶은 이야기를 혼자 다 했다.

'억울하겠네.'

이 한마디로 승은이는 혼자서 감정을 다스렸다.

매번 밀려서 숙제나 공부를 하는 자녀가 있다. 밤늦게까지 숙제를 하는 모습을 보니 잔소리가 나온다.

"다음부터는 미리미리 해~"

늦잠을 자고 겨우 일어나서 학교에 다녀온 아이가 울먹이며, 숙제를 안 가져가서 혼난 이야기를 한다.

그때의 내 반응은 어떨까? "에고 우리 승은이 속상하겠구나"일까? 아니면 "그것 봐 엄마가 뭐라 그랬어? 미리 하랬지. 이게 뭐냐 고생하고 혼나고…. 내가 그럴 줄 알았다." 아마 후자의 대화를 이어간 경우가 많을 것이다.

왜냐하면, 엄마도 속상하고 앞으로는 이런 일이 안 벌어지길 바라니까. 그렇지만 이런 대화는 엄마가 원하는 상황으로 전개되지 않는다. 아이는 더 크게 울고 엄마와는 더 얘기하지 않으려 할 것이다.

엄마가 아니라 감정코칭을 하는 코치의 입장에서 자녀를 대할 필요가 있다.

감정코칭의 첫 단계는 감정을 공감해 주는 것이다.

승은이의 속상한 감정을 알아주니 스스로 억울하다는 마음까지 깨닫게 된다.

필자가 코치로서는 승은이의 감정을 쉽게 인정해 줄 수 있었다. 하지만 엄마였다면 다르게 반응했을지도 모른다.

왜 같은 사람인데 다른 행동을 할까?

그것은 아이에 대한 기대가 다르기 때문이다.

코치로서는 이 사건을 교육의 기회로 삼을 수 있다. 같은 실수를 반복하지 않도록 도울 수 있는 교보재로 활용한다. 하지만 엄마라면 여러 감정이 올라온다. 우선 울상이 된 아이를 본 순간, 가슴이 덜컥 내려앉는다. 무슨 일이 있나? 이유를 알고 나니 걱정했던 마음에 화가 더해진다. 엄마도 억울해지는 것이다. 내가 그렇게 미리 하라고 했건만. 말을 안 듣더니…….

그 짧은 시간에 여러 생각과 감정이 훅 올라온다.

만약에 몸이 피곤하거나 안 좋은 일이 있었더라면 더 화가 날 수도 있다. 내 감정 처리가 안 되니 아이의 감정을 읽을 여유가 없는 것이다. 결국은 마음 상해서 온 아이를 더 야단을 쳐서 더 큰 상처를 주게 되는 경우가 허다하다.

평소에 내 감정을 잘 처리하는 훈련을 해야 한다. 말 그대로 훈련이다. 쉽지 않기 때문에 노력해야 한다. 운동하면 근육이 붙듯이 훈련을 하면 감정 관리 근력이 생긴다. 감정이 올라오면 그 감정을 그대로 인정하는 것이 중요하다.

감정코칭의 기본은 상대의 감정을 그대로 공감해 주는 것이다.

"속상하겠구나."

"이런, 억울하겠네."

"화가 나겠네."

"그런 마음이 생길 수도 있겠다."

"속상해서 어쩌니?"

감정의 공감을 받고 자란 아이는 타인의 감정도 공감하는 힘이 생긴다.

② RI(관계지능)를 키우기 위한 3경청법

말 속에는 감정, 욕구, 의도, 성격, 숨은 의도 등이 포함되어 있다. 그러므로 경청을 하려면, 상대가 하는 말의 사실과 정보, 생각만 파악하는 게 아니라 표현하지 않는 속뜻, 즉 감정, 욕구, 의도, 성격, 숨은 의도까지 파악해야 한다. 숨은 뜻들은 비언어적인 메시지(표정, 말투, 목소리, 몸짓 등)를 통해 전달되는 경우가 많다. 심리학자 메라비언의 연구에 따르면 대화에 영향을 미치는 정도는 언어적 메시지가 7%에 불과한 데 비해 비언어적 메시지는 93%(음성 39%, 몸짓 55%)라고 한다. 그러므로 경청할 때는 비언어적인 메시지를 주의 깊게 보는 것이 필요하다.

ㄱ. 사실만 듣기

상대의 말을 있는 그대로의 사실만을 듣는 것이다. 사실(fact)만 듣기 위해서는 내 생각이나 고정관념으로 판단하지 않아야 하고, 감정과도 구별해야 한다. 대화하고 있는 상황이 비디오카메라에 찍히고 있다고 생각해 보라. 녹화된 영상을 다시 본다면 어떤 장면이 보이고 들릴까? 영상에는 감정이나 느낌은 찍히지 않을 것이다. 사실만 볼 수 있어야 한다.

ㄴ. 감정 듣기

상대의 이야기를 들으며 상대가 어떤 감정 상태에 있는지를 알아차려 공감하고 그 느낌을 상대에게 반영해 주는 것이다.

ㄷ. 기대(욕구) 듣기

이것은 상대의 이야기를 들으며 상대가 진짜 원하는 것이 무엇인지 파악하면서 듣는 것이다. 자신의 욕구와 기대를 말하는 데 익숙하지 않은 사람은 자신이 원하는 진짜 욕구와 기대를 이야기하지 않을 수 있다. 이런 경우에 겉으로 표현하는 말과 진짜 기대가 다를 때도 있으므로 상대가 말하지 않더라도 진짜 기대를 정확히 파악하는 노력이 필요하다.

3경청을 통해 자녀의 감정과 욕구를 파악하여 통하는 대화를 해보자.
예) "엄마, 이번 중간고사 엄청 어렵게 나온대. 나 이번 시험을 망칠 것
같아."

〈감정 축소형 대화〉
"아직 시험도 안 봤는데, 뭘 미리 걱정해? 열심히 하면 어려워도 잘 볼 수 있어."
〈감정 억압형 대화〉
"또 시작이다. 넌 매번 그런 식이더라. 이번에는 안 통해. 공부도 안 하면서 어떻게 성적이 좋기를 바라냐? 혼날까 봐 미리 호들갑 떨지 말고 얼른 가서 공부해."

〈감정코칭형 공감 대화〉

"이번 시험이 어렵다고 들었니?" (사실)

"시험을 망칠 것 같아서 걱정하는 것 같은데?" (감정)

"이번 시험을 잘 보고 싶은 마음이 느껴지는구나." (기대)

아이의 대답에 따라 대화를 이어나가면 된다. 엄마의 의견이나 요구가 있다면 부탁 조로 덧붙일 수 있다. 많은 경우에 감정을 공감해 주는 것만으로도 마음의 안정을 얻고 긍정적으로 된다.

엄마: "이번 시험이 어렵다고 들었니?"(사실)

예린: "네, 담임 선생님이 시험 문제 어렵게 냈다고 열심히 공부하래요"

엄마: "시험을 망칠 것 같아서 걱정하는 것 같은데?"(감정)

예린: "중학교 첫 시험 성적이 계속 가서 중요하대요. 그런데 벌써 떨리고 망칠 것 같아요."

엄마: "중학교에서도 좋은 성적을 받고 싶은 예린이의 마음이 느껴지네(기대). 엄마는 공부를 잘하고 싶고 노력하는 네가 참 기특해. 중학교에서는 초등학교 때보다는 과목도 많고 범위도 넓으니까 시험이 어려울 수 있지. 그렇지만 미리 걱정하면서 공부한다면 오히려 집중이 안 될 것 같은데? 엄마가 도와줄 게 있을까?"

:: 2) TI(초월지능) 키우기

① 관점의 전환

초월지능이 좋은 사람은 낙관주의적 사고를 통해 부정적인 사건에서도 긍정의 의미를 찾을 수 있는 관점의 전환을 잘한다.

낙관주의적 사고를 하는 사람은 실패의 사건을 일시적이고 특수한 상황으로 본다. 예를 들어 나쁜 시험 성적을 받았을 때는 이번에 시험이 특별히 어려웠기 때문이고 다음에 잘 보면 된다고 생각한다. 이에 반해 비관주의적 사고를 하는 사람은 실패를 영구화하고 개인화하는 경향을 보인다. 나쁜 성적에 대해 자신은 좋은 성적을 가질 수 없는 사람이라고 여겨 앞으로도 쭉 시험을 못 볼 것이고 그것은 자신의 능력 탓이라고 여긴다.

낙관주의적 사고	비관주의적 사고
일시성 "이번 시험을 못 봤어. 아무래도 더 노력해야겠네. 다음번엔 잘 볼 수 있어." "오늘은 음식에 대한 유혹을 참지 못했어. 이렇게 먹어서는 다이어트를 하기 힘들지. 덜 먹을 방법을 찾아봐야겠어."	영구성 "이번 시험을 망쳤어. 이제 나는 끝장이야." "다이어트는 소용이 없어. 나는 살 빼기는 글렀어."

특수성	만연화
"이번 수학 시험은 너무 어려웠어. 공부를 더 열심히 해야겠는걸."	"이번에도 시험이 너무 어려웠어. 매번 이런 식이야."
"이번 면접관들은 특별히 더 까다로운걸. 면접 질문에 대한 준비에 더 신경 써야겠어."	"난 늘 운이 없어서 이번에도 까칠한 면접관을 만났군. 되는 일이 없어."
상황성	개인화
"선생님이 인사를 안 받으시네. 바쁘신가?"	"선생님이 내 인사를 받지 않으시네. 나를 미워하나 봐."
"소개팅에서 애프터를 못 받았다고 내가 매력이 없는 것은 아니야. 그 사람이랑 안 맞을 뿐이지."	"소개팅에서 애프터를 못 받았어. 내게 문제가 있나 봐. 내게 매력이 없나?"

비관주의적 사고를 하는 사람은 문제를 일으키는 사실(Fact)과 감정(Feel)을 잘 구별하지 못한다. 모든 생각은 그와 관련된 감정(느낌)에 의해 마음의 기억 은행에 저장된다고 한다(Gray-LaViote, 1982년).

사실(Fact)에 해당하는 것은 선생님이 인사를 받지 않은 행동이다. 그러나 그 행동을 판단하고 의미를 붙여 나를 미워하는 것으로 해석하게 된다. 그 판단에는 감정(Feel)이 붙어있다. 선생님이 나를 미워한다는 생각이 들면서 불안이나 수치심의 감정은 더욱 커지는 것이다. 그래서 괴로움을 느끼게 된다. 감정으로 인해 생각(스토리)이 늘어나고 결국에는 그 감정에 압도돼 버린다. 감정을 제대로 인식하고 처리하면 이와 결부된 생각은 사라지게 된다.

사건에 대해 사실과 판단을 구분하여 감정을 처리하는 훈련을 하면 비관적 사고를 막을 수 있다. 앞에서 소개한 다양한 감정처리법과 함께

시도해 보고 자신에게 잘 맞는 방법을 찾아보는 것이 중요하다.

비관적으로 생각이 흘러간다면 다음과 같은 질문을 해보자.

- 이 사건에서 증명할 수 있는 사실은 무엇인가? (Fact 찾기)
- 이 사건에서의 내 감정은 무엇인가? (Feel 알아보기)
- 내가 만든 생각(스토리)은 무엇이지? (내가 한 판단 알아보기)
- 내가 지혜로운 능력자에게 조언을 구한다면 그는 어떻게 대답할
  까? (낙관적 사고로 전환하기)

|예시 사연|

"이번 시험을 망쳤어. 이제 나는 끝장이야."

이 사건에서 증명할 수 있는 사실은 무엇인가? (Fact 찾기)

- 이번 중간고사에서 수학은 60점이고 영어는 62점이야.

이 사건에서의 내 감정은 무엇인가? (Feel 알아보기)

- 대입 내신에서 고2 중간 성적은 매우 중요한데, 주요 과목 2개의 점
  수가 예상보다 낮게 나와서 속상해.
- 이번에는 좋은 성적을 기대했는데 절망적이야.

내가 만든 생각(스토리)은 무엇인가? (내가 한 판단 알아보기)

- 내신 점수가 낮으니 좋은 대학을 못 갈 거야.
- 좋은 대학을 못 가면 내 인생은 희망이 없어.

- 나는 끝장이야.

내가 지혜로운 능력자에게 조언을 구한다면 그는 어떻게 대답할까?
(낙관적 사고로 전환하기)
- 좋은 대학을 못 간다고 인생에 희망이 없는 것은 아니란다.
- 내신 점수가 기대만큼 좋지는 않지만, 원하는 대학에 갈 방법이 있
  는지 알아보자.
- 이 상황에서 제일 좋은 선택은 무엇일까?
- 더 노력하거나 개선할 것이 있다면 무엇일까?

〈자신의 사례로 연습해 보기〉
이 사건에서 증명할 수 있는 사실은 무엇인가? (Fact 찾기)

이 사건에서의 내 감정은 무엇인가? (Feel 알아보기)

내가 만든 생각(스토리)은 무엇이지? (내가 한 판단 알아보기)

내가 지혜로운 능력자에게 조언을 구한다면 그는 어떻게 대답할까?
(낙관적 사고로 전환하기)

② 고정관념 벗어나기

새로운 관점에 접근을 막는 것 중 가장 흔한 것은 무엇일까? 바로 고정관념이다.

어떤 종류의 고정관념을 가진다는 것은 특정한 유형에 대해 범주를 만든다는 의미와도 같다. 예를 들어 부드러운 하얀 털을 가진 동물을 처음 본 아이가 이를 '강아지'라고 학습했다면 비슷한 유형의 다른 동물을 보고도 '강아지'라고 반응할 수 있다. 이러한 과정이 반복되면 범주화 과정도 달라진다. 범주화 전략은 뇌의 자동처리 방식(대상의 정보를 무의식적으로 판단하는 것)을 통해 고정관념으로 자리 잡는 것이다.

심리학자들이 흥미로운 실험을 하였다. 실험자는 피실험자들에게 먼저 간단한 사칙연산 문제를 풀게 했다. 실험자들은 피실험자들에게 23+15와 같은 똑같은 문제를 반복해서 제시하였다. 같은 문제를 받아든 피실험자들은 어느 순간부터는 계산 없이 외운 정답을 빠르게 적어나가기 시작을 했다. 피실험자들이 덧셈 패턴을 어느 정도 익혔을 때 문제 중간마다 23x15와 같은 곱셈 문제를 내었다. 실험 결과는 흥미롭게도 실험 참가자들이 반복적인 덧셈 문제를 많이 풀수록 곱셈 문제에 오답률이 높았다는 것이다. 이는 문제를 기억하고 있는 경우, 노력으로 문제를 풀기보다는 이미 알고 있는 습관적으로 익숙한 정보를 꺼내어 쓰려는 습관 때문에 일어난다.

우리의 뇌는 복잡한 문제를 가능한 한 단순하게 처리하려고 하는 특성이 있으며, 자신이 생각이 옳다고 믿기 위해 이에 대한 근거만을 받아들인다. 이러한 특성은 쓸데없는 정보 속에서 필요한 것만을 신속하게 선택하여 결정하고 행동할 수 있는 장점이 있다. 하지만 이 현상이 심해지면 메타인지 착각으로 인해 단순한 실수가 잦아지거나 왜곡된 고정관념과 편견이 강화될 수 있다.

자신이 알고 있다는 사실에 대해 인지하는 것을 '메타인지'라고 한다. 메타인지(Meta認知)는 "인식에 대한 인식", "생각에 대한 생각", "다른 사람의 의식에 대해 의식", 그리고 고차원의 생각하는 기술(Higher-Order Thinking Skills)이다.

알고 있는 것이 무엇인지 인지하는 것을 통해 사고체계를 관리하고 목적을 이루는 행동을 할 수 있다, 즉, 메타인지란 어떤 것을 배울 때 혹은 실행할 때, 자신이 아는 것과 모르는 것을 구분할 수 있는 능력으로서, 객관적으로 자신을 판단할 수 있게 해준다. 메타인지 능력이 우수한 사람은 자기성찰을 잘하고 학습 능력이 좋다.

초월지능이 좋은 사람은 자신이 경험하여 아는 것과 고차원의 인식되지 않은 것을 구별하는 능력이 있다. 이는 메타인지 능력과도 연결이 되는 것이다.

일상 경험의 한계를 뛰어넘어 새로운 관점에 접근할 수 있으려면 우선 자신에 대한 객관적 탐색이 되어야 하며, 왜곡된 시각(편견)에서 벗어나 확장된 사고를 할 수 있어야 한다.

자신이 가지고 있는 고정관념과 편견이 있다면 무엇일까? 자신과 타인 그리고 사회, 문화적인 면에서 왜곡되어 나의 성장을 막고 있는 것이 무엇인지 생각하는 시간을 가져 보자. 고정관념이라는 것을 인지한다면 그것은 더는 나를 억압하는 요소는 아닐 것이다. 무의식적으로 나에게 영향을 미치는 요소들을 찾기 위해서는 전문가의 코칭이나 상담을 받으면 도움이 되겠지만, 고정관념을 찾기 위해 자기 탐색을 하는 것 자체로도 효과가 있다.

〈고정관념을 극복한 사례 찾아보기〉

고정관념	극복
밤은 낮이 될 수 없다	1879년 에디슨 전구 발명
질병은 예방하지 못한다	1796년 제너의 천연두 백신 발견
사람은 날 수가 없다	1903년 라이트 형제의 비행 성공
사진은 움직일 수 없다	1895년 뤼미에르 형제의 최초 영화 상영
은퇴 후에는 무기력해진다	오팔(OPAL)세대 등장

〈왜곡된 고정관념 찾아보기〉

고정관념과 편견	공평한 관점으로 전환
성폭력을 당한 여자는 옷차림이나 행동의 문제가 있었다.	성폭력은 피해자의 문제가 아니다. 가해자는 미리 폭력을 준비한 경우가 대부분이다.

여자는 능력보다는 예쁜 외모가 중요하다.	여자든 남자든 외모만으로 사람을 판단할 수는 없다.

③ 관점수용능력 키우기

관점수용능력은 자기중심적 관점에서 자유자재로 타인의 관점으로 바꾸어 생각할 수 있는 능력이며, 조망수용능력이라고 표현되기도 한다. 관점수용능력이 좋은 사람은 역지사지(易地思之)를 할 줄 안다.

열심히 대화하고 있는 어린아이들을 보면 웃음이 나올 때가 많다. 서로 다른 주제를 아무렇지도 않게 얘기하고 있다. 사람은 만 4세가 지나야 상대의 관점을 이해할 수 있는 관점 전환 능력이 생긴다고 한다. 관점 전환 능력은 나이를 먹거나 자기 주관이 강해지게 되면 오히려 퇴보하기도 한다. 나이 들면서 조그만 일에도 잘 삐치고 노여워하는 건 이런 관점 전환 능력이 퇴보했기 때문이 아닐까? 또 자기 주관이 강해서 상대 관점에 관한 관심이 줄어들고 상대 관점에서 생각해 보는 것이 어렵게 된다.

우리는 누군가와 어울리는 사회생활을 하고 있으므로 상대 관점에서 생각해 본다는 것은 매우 중요하다. 내가 본 것이 전부는 아니다. 내가 알고 있는 세상만이 존재하는 것은 아니다. 내가 보지 못한 세상, 나와 다른 방향에서 보이는 세상도 얼마든지 존재할 수 있다. 나와 생각이 다르다고, 나와 종교가 다르다고, 나와 다른 정치적 신념을 가졌다고 상대방을 적으로 간주하는 경우가 많아진다. 타인의 입장, 타인의 관점도 존중해주고 인정해주어야 한다. 관점조망 능력이 좋은 사람은 자기중심적 세계에서 벗어나 상대중심적 세계 그리고 초월적 세계에 대한 조망이 가능하다.

관점전환능력을 키우기 위해서는 스피드 퀴즈가 제격이다. TV의 오락 프로그램처럼 자녀와 단어 맞추기 게임을 해보자. 상대방의 눈높이에서 설명할 수 있도록 한다.

또는 의견이 다른 사람의 처지에서 그 사람의 감정과 생각을 변론해보는 훈련도 좋다.

:: 3) CI(통합지능) 키우기

① 자신의 자원 알기

자원을 통합하기 위해 선행되어야 하는 것은 자신의 자원을 아는 것이다.

우선 다음의 표를 채워보자. 본인과 자녀에 해당하는 것을 가능한 한 솔직하게 모두 작성해야 한다.

	본인	자녀
장점		

단점		
이미지		

학생들에게 자신의 장점을 쓰라고 하면 보통 2~3개 쓰고 멈춘다. 특히 학교 성적이 나쁜 아이들은 더욱 그렇다. 대신 단점을 쓰라고 하면 사정이 다르다. 술술 써 내려간다. 장점보다는 단점에 대한 지적을 많이 받은 것이 그 원인일 것이다.

성인도 자신에 관한 내용을 쓰는 데 익숙하지 않다. 겸손을 미덕으로 교육받아서인지 장점을 쓰면서 머쓱해 한다. 자녀에 대해서도 마찬가지이다. 현재 말썽을 피우는 자녀를 두고 있다면 더욱 어려울 수 있다.

초등학교 학부모를 대상으로 하는 진로학습 교육을 진행할 때의 일이다.

20여 명의 엄마가 열정적으로 수업에 참여했다. 그중 돌이 안 된 아기를 업고 수업을 듣던 엄마가 인상적이었다. 아기 때문에 항상 뒤에 서서 수업에 참여했지만, 누구보다 더 열심히 공부했다.

수강생들에게 다음 시간의 교육내용을 소개하고 자녀의 장점을 50개 써오라고 부탁했다. 장점을 50개 써 보라고 하면 대부분 어이없어한다. 사춘기에 접어든 아들을 둔 엄마는 5개도 못 적을 것 같다면서 농담처럼 이야기했다. 일주일의 시간이 있으니 그동안 장점을 최대한 많이 찾아보라고 안내를 하고 마무리하는데 아기를 업은 엄마가 다가와서 말을 걸었다.

주저하면서 꺼낸 말은 1살 딸의 장점을 찾아와도 되냐고 물었다. 초등학교 1학년인 아들의 장점은 도저히 다 찾을 수 없을 거 같다고 한다. 그러면 업혀 있는 아기의 장점은 50개 찾을 수 있겠느냐고 물었더니 엄마는 그것도 힘들겠다고 대답했다.

초등학교 1학년 아들인 민수는 수업 시간에 가만히 앉아 있지 못하고 돌아다녀서 선생님께 늘 혼난다고 했다. 엄마도 담임에게 몇 번을 불려가서 싫은 소리를 들었다고 한다. 그때마다 엄마는 선생님께 죄송하다고 사과를 했고 이런 일이 반복되니 나중에는 눈물이 다 나오더란다. 아들을 데리고 집에 오면 화가 나서 애한테 폭언하고 때린 적도 있단다. 아무리 민수를 타일러도 소용이 없어서 현재는 문제아 취급을 받고 학원에서도 나가 달라는 부탁을 받을 정도란다.

ADHD 증세를 의심해 볼 수 있었지만, 우선의 문제는 민수를 대하는 어른들의 태도라 여겨졌다. 어른들은 민수가 이상 행동을 하는 문제아라는 확신을 두고 말을 한다. 그리고 민수는 엄마와 선생님이 상담할 때 늘 같이 있었다고 했다. 자신의 엄마가 선생님께 야단을 맞고 잘못했다고 사과하는 모습을 늘 지켜본 것이다. 물론 선생님이 엄마를 혼내는 것은 아니었겠지만 아이로서는 당연히 그렇게 볼 수 있었을 것이다. 자기 때문에 엄마가 선생님 앞에서 사과하면서 우는 모습을 보는 아이의 마음은 어떨까? 집에 돌아오면서 엄마한테 미안하다면서 다시는 안 그러겠다고 하는데 비슷한 일은 반복되고 있었다.

엄마가 나와 이야기를 하고 있을 때 수업을 마친 민수가 교실로 들어왔다. 나의 레이저 포인터에 관심을 보이면서 만져 봐도 되냐고 물었다. 안된다고 하니 아쉬워하기는 했지만, 더 만지지는 않았다. "민수는 참 예의가 바르구나"라고 칭찬했다. "어떤 애들은 물어보지도 않고 선생님 물건을 막 만지거든. 그런데 민수는 물어보고 안 된다고 하니까 바로 그만두잖아. 그런 건 예의가 바른 사람이란 뜻이야." 민수는 웃으면서 뛰어나갔다.

그때의 민수는 엄마의 말처럼 그렇게 막무가내로 보이진 않았다. 또래보다 키가 크고 활동적이었다. 교실을 나갈 때도 뛰어나갔다. 교실에서는 뛰면 안 된다고 교육을 받았겠지만 지켜지지 않는가 보다.

민수 엄마는 아기를 업고 강의에 참여할 만큼 자녀교육에 열성적이고 아들에 대한 기대가 많았는데 지금은 자존심과 마음이 상한 상태다. 자녀가 우등생이면 엄마도 막강한 권력을 갖게 된다. 공부 잘하는 학생의 엄마에게 좋은 정보를 얻을 수가 있고, 그 학생과 같이 과외공부나 동아리 활동하기를 원하기 때문이다. 반대로 문제아 취급을 받는 아이의 엄마는 대역 죄인처럼 다닌다.

민수 엄마는 아들을 어떻게 다뤄야 할지 모르고 있었다. 너무 야단을 치다 보니 미안해서 안아주려고 하면 민수는 버둥대면서 품을 빠져나가거나 엄마 얼굴에 침을 뱉고 웃으면서 도망간다고 한다. 엄마는 어처구니가 없어서 또 소리를 지르고 혼을 낸다. 저런 아이에게서 장점을 어떻게 50개나 찾느냐고 하소연했다.

엄마에게 진로학습 강의를 듣는 목적이 민수를 잘 키우기 위해서라는 것을 상기시켜주고 일주일 동안 아들의 장점을 최대한 찾아보는 노력을 해보라고 했다. 잘 안 되면 어릴 때 사진이나 비디오를 보는 것이 도움이 될 거라고 조언했다. 지나가는 말로 "아이 둘 키우기 힘드시죠? 아이가 어리니 늘 업고 다니셔야 하고…"라고 물었더니 민수 엄마가 뜻밖의 대답을 한다. "민수가 동생을 잘 봐줘요. 기저귀도 갈아주고 분유를 타서 먹이기도 해요".

"8살 남자애가 아기를 잘 돌본다고요? 그건 큰 장점인데요."

"어휴 선생님도. 아기 잘 본다고 뭐가 도움이 돼요. 뭐 남자가 보육교사 할 것도 아니고……."

흔하게 엄마들이 생각하는 장점은 학업이나 직업에 관련되는 것으로 귀결된다. 인간의 순수한 존재에 대한 장점은 보이지 않는 것이다. 이런 현상은 자녀가 성장할수록 더 심해진다. 첫 옹알이를 하고 첫걸음마를 할 때와 다른 눈으로 아이를 본다. 엄마의 기대가 달라졌기 때문에 시각이 달라진 것이다.

민수 엄마에게 다음 수업 시간의 내용이 다중지능이고 민수는 대인관계지능과 신체운동지능이 좋을 것으로 예상된다고 말했다. 이는 21세기 인재에 필요한 지능이니 좋은 것이라고 했더니 민수 엄마의 얼굴에 환해졌다.

다음 교육 시간에 자녀의 장점을 50개 다 채워서 온 수강생은 민수 엄마뿐이었다.

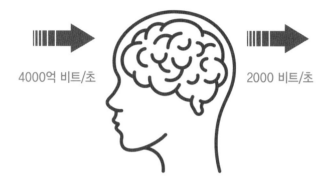

4000억 비트/초   2000 비트/초

사람에게는 1초에 4천억 비트의 정보가 들어오는 데 보통 사람은 그 중 2000비트의 정보밖에 인식하지 못한다. 나에게 4천억 원이 들어왔는데 그중 2,000원만 내 것으로 아는 셈이다. 그래서 우리는 선택적으로 보고 자신이 인식한 것을 바탕으로 이 세상을 체험한다. 즉 보고 싶은 것만 보게 된다.

특정 브랜드의 승용차를 사고자 관심을 가지고 나면 사방에 비슷한 승용차가 보이게 된다. 임신하고 나니 그전에는 보이지도 않던 아기용품과 육아에 관련된 것이 눈에 들어오기 시작한다. 현재 내가 관심을 가지고 집중하는 것에 대한 정보가 처리된다.

민수 엄마는 수업 시간에 자리에서 벗어나 돌아다니고 친구들이 무엇을 하는지 관심이 많은 아들 때문에 담임 선생님한테 싫은 소리를 듣고 다른 엄마들에게도 눈총을 받는 중이다. 아들에 대해 인식하는 정보는 장점보다는 2000비트에 해당하는 문제행동이 먼저 떠오르고 걱정만 된다.

부모는 아이의 문제행동이 아닌 본질의 모습에 초점을 맞춰야 한다.

순수한 존재의 모습을 본다면 50개가 아니라 더 많은 장점을 볼 수 있다. 흔히 장점이라고 하는 것은 능력과 재능에 해당하는 것을 보게 된다. 하지만 본질의 모습에 초점을 맞춘다면 수많은 장점을 볼 수 있다.

동생을 잘 돌보는 것, 잘 웃는 것, 인사 잘하는 것, 잘 먹는 것, 눈이 맑은 것, 똥을 잘 누는 것, 손가락이 긴 것, 건강해서 잔병치레가 없는 것, 장손으로 태어난 것, 활달해서 친구들과 잘 노는 것, 말귀를 빨리 알아듣는 것, 등등 수없이 많이 찾을 수 있다.

민수 엄마는 아들의 장점을 찾기 시작하면서 한숨이 줄었다고 했다. 그전에는 가슴이 답답하여 저절로 한숨이 나왔는데 지난 일주일 동안은 미소가 떠올랐단다. 동네 어른들에게 인사를 잘하고 싹싹한 아들이 기특하게 느껴지고 진심으로 칭찬하게 됐다. 대화는 온몸으로 하게 되는 것이다. 엄마가 말로는 혼을 내지 않아도 한숨 쉬고 우울해하면 민수는 그 원인이 자신 때문인 줄을 다 안다. 민수는 타인의 감정과 기분을 금방 알아차리는 정서지능이 높은 아이기 때문에 더 민감하게 반응한 것이다. 어린 동생에게 부모의 사랑을 뺏긴 것 같은 상실감이 큰데 학교에서는 늘 혼이 나니 본인도 아주 힘들었을 것이다.

엄마가 말로 사랑한다고 해도 그게 진심으로 느껴지지 않으니 침을 뱉거나 장난을 치면서 자신의 마음을 표현한 것 같았다.

엄마가 민수의 장점을 찾기 시작하면서 문제 해결은 시작되었다. 실제로 민수가 수업 시간에 돌아다니는 것은 문제의 본질이 아니다. 민수는 관심을 받고 싶어 했고, 수업 시간에 돌아다니면 어쨌든 관심을 받기는 한 것이다. 여름방학 동안 엄마와 친밀한 시간을 보낸 후 2학기에는 민수는 많이 달라졌다. 엄마의 표현으로는 수업 시간에 돌아다니지는 않는다고 한다. 여전히 떠들기는 하지만….

소설 『정체성』에서 장마르크가 연애편지를 쓰기 위해 샹탈을 관찰한 것처럼 자녀를 바라본다.

부모가 자녀를 바라보는 시각은 매우 중요하다. 그리고 자신을 바라보는 시각도 중요하다.

'관찰자 효과'를 기억하면서 아래의 표를 다시 채워보자.

〈본인〉

	장점
외모	
성격	
행동	
능력	
재능	
이 외에 생각나는 대로	

〈자녀〉

	장점
외모	

성격	
행동	
능력	
재능	
이 외에 생각나는 대로	

② DISC 행동유형 진단

자녀의 장점을 찾으려고 하다 보면 너무 좋은 것만 보려고 하는 것이 아닌가 하는 의심이 든다. 이상과 현실은 다른데, 이런 장점이 무슨 도움이 될까 하는 회의가 올라온다. 내 눈에는 너무나 예쁜데 다른 부모는 그들의 자녀와 놀지 못하게 한다. 이런 경우 객관적인 진단을 통해 자녀의 장점을 찾는 것을 권한다. 어떤 자녀라도 객관적으로 장점을 볼 수 있다면 도움이 될 것이다.

장점 진단을 위한 DISC 행동유형을 소개하겠다. 쉬운 이해를 위해 부록의 DISC 행동유형 진단을 먼저 해보기를 권한다.

일반적으로 사람들은 태어나서부터 성장하여 현재에 이르기까지 자기 나름의 독특한 동기 요인에 의해 선택적으로 일정한 방식으로 행동을 취하게 된다. 사람은 자신의 가지고 태어난 성격과 환경과의 상호작용에 의해 행동하게 되며, 이것은 하나의 경향성을 이루게 되어 자신이 일하고 있거나 생활하고 있는 환경에서 아주 편안한 상태로 자연스러운 행동을 하게 된다. 이것을 행동 패턴(Behavior Pattern) 또는 행동 스타일 (Behavior Style) 이라고 한다.

사람들의 이러한 행동의 경향성을 보이는 것에 대해 1928년 미국 콜롬비아대학 심리학 교수인 윌리엄 M. 마스톤(William Mouston Marston) 박사는 독자적인 행동유형 모델을 만들어 설명하고 있다. 마스톤 박사는 1928년 저서『보통 사람들의 정서(Emotions of Normal People)』에서 감정이 행동에 미치는 영향과 행동 양식에 따른 유형화, 시간에 따른 행동의 변화에 관하여 기술하고, 정서의 표현방식에 따라 사람들을 4가지 유형으로 분류했다. 마스톤 박사에 의하면 사람이 환경을 어떻게 인식하고 또한 그 환경 속에서 자신의 힘을 어떻게 인식하느냐에 따라 4가지 형태로 행동을 하게 된다고 한다. 이러한 인식을 축으로 한 사람의 행동을 각각 주도형, 사교형, 안정형, 신중형, 즉 DISC 행동유형으로 부르고 있다.

DISC 행동유형은 다음과 같이 활용할 수 있다.
(1) 자신의 행동유형의 강점을 발견하고 이를 활용할 수 있다.
(2) 타인의 행동을 이해하고 효과적으로 다른 사람과 효과적으로 상호 작용할 수 있다.
(3) 자신에게 맞는 갈등관리, 대인관계 유지 방법, 학습 방법을 발견할 수 있다.

DISC는 일반적인 성격검사와는 차이가 있다. 성격검사가 아니라, 'DISC 행동유형 진단'이라고 하는 게 명확하다. 검사라고 하면 옳고 그름을 따지는 것이지만, 진단은 상태를 파악하는 것이다. 행동유형은 좋고 나쁨, 옳고 그름이 없다. 어떤 유형인가를 아는 것이 중요하다.

사회심리학자 Lewin은 사람의 행동(Behavior)을 개인의 고유한 성격적 특성(Personality)과 개인이 처한 환경(Environment) 간의 함수관계로 나타내면서 B=f(P·E)라는 함수식으로 설명하였다. 성격이란 개인의 선천적인 특성, 기질, 삶 전반에 걸쳐 나타나는 내적 에너지이며, 유전적 형질과 함께 어린 시절의 경험으로부터 만들어진 개인의 고유한 내적 특성이다. 반면 행동이란 겉으로 드러나는 개인의 외적 특성이므로 행동은 성격과 일치하지 않을 수 있으며, 개인이 처한 환경에 따라, 보다 가변적이고 유동적일 수 있다.

DISC는 사람이 타고난 기질로 핵심 성격이 만들어지고 그 핵심 성격이 환경과의 상호작용으로 행동을 하는데, 그 행동이 가지는 경향성(행동패턴)을 크게 4가지로 구분한 것이다. 대부분 일정한 나이가 지나면 자기 성격대로 행동하지 않는다. 예를 들어 내가 다혈질에 욱하는 성격이라도 회사 상사 앞에서는 성질을 그대로 내지는 않는다. 아주 내성적이고 사람들을 만나는 것을 꺼리는 사람이라도 업무상 고객 미팅은 잘 해낼 수 있다. 20대의 남성이 동성의 친구를 대하는 것과 애인을 대하는 행동이 똑같지 않을 것이다.

10대 사춘기 아들의 엄마와 친구에게 하는 행동이 다른 것은 당연하다. 내가 집안과 사회에서 하는 언행을 비교해 보자. 아주 똑같은 사람은 없을 것이다. 아무래도 편안한 집안에서는 나의 본래 모습이 더 잘 나타난다.

사람의 핵심 성격이 환경과의 상호작용으로 나타나는 반응의 경향성 (행동패턴)이 행동유형이지만, 한 개인의 행동이 언제나 환경에 따라 변하는 것은 아니다. 사람의 행동은 비교적 오랜 시간에 걸쳐 지속적으로 학습된 것이기 때문에 일정한 경향성(패턴)을 가지고 반복적으로 나타난다. 행동의 경향성(패턴)으로 한 사람을 온전히 이해하기는 어렵겠지만, 어떤 행동을 보고 관찰되지 않은 다른 행동을 예상할 수 있을 것이다. 그리고 각 유형마다 행동을 일으키는 동기(욕구)가 다르다. 행동유형을 제대로 이해한다면 각 사람을 행동하게 하는 동기 요인을 예측할 수 있으므로, 리더십, 진로상담. 세일즈 등에서 유용하게 활용할 수 있다.

③ DISC 이해하기

DISC 행동유형은 속도와 우선순위의 관점에서 분석해 볼 수 있다.

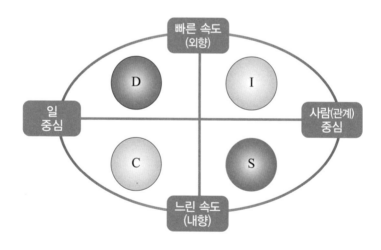

〈속도와 우선순위의 관점에서의 DISC 행동유형〉

첫 번째 수직의 축은 속도(Pace)이다. 속도란 사람이 평상시에 하는 행동이나 생각, 의사 결정할 때의 빠른 정도를 의미한다. 속도가 더 빠르다고 해서 느린 속도보다 나은 것은 아니다. 이것은 단순히 결정하거나 행동하는 속도가 다를 뿐이다.

속도가 빠른 유형으로는 D(주도형)와 I(사교형)가 있다. 이들은 생각과 행동의 속도가 빠르기 때문에 먼저 시작하고, 외향적인 성향이 있다. 경쟁심이 강한 편이고 앞장을 잘 서기 때문에 리더십을 발휘하기도 한다. 만사에 넓게 관심을 가지는 편이고 모험을 즐긴다.

속도가 느린 유형으로는 S(안정형)와 C(신중형)가 있다. 이들은 수줍음이 많으며 행동을 삼가고 말이 적은 편이다. 모험보다는 안전을 더 선호하는 경향이 있다. 비교적 느리고 신중하게 움직이므로 의사 결정이 더딘 편이다. 조심스럽고 사려 깊은 편이며, 계획되지 않은 변화나 예기치 않은 일을 좋아하지 않는다. 또한 이들은 구체적인 면에 관심이 많고 내향적인 성향을 나타낸다.

두 번째 수평의 축은 우선순위라고 한다. 우선순위는 인간의 행동에 영향을 주는 동기로서 우리의 관심이 어디에 있는지를 나타낸다.

위 그래프 왼쪽에 위치한 일 중심적인 유형에는 D(주도형)와 C(신중형)가 있다. 이들은 '일하는 것'에 우선순위를 두며, 일을 계획하고 계획한 대로 실행하는 것을 선호한다. 자신의 원하는 방식으로 일하기 위해서 종종 혼자 일하기를 더 좋아한다. 주관적 견해나 감정보다는 사실과 데이터에 근거하여 의사 결정을 하는 편이다. 사람들에 관한 것보다는 일에 관한 것을 더 많이 이야기하는 경향이 있으며, 인간관계에 있어서 적당히 거리를 유지하려 한다.

오른쪽에 위치한 사람 중심적인 유형에는 I(사교형)와 S(안정형)가 있다. 이들은 '사람들과 함께 하는 것'에 우선순위를 둔다. 따뜻하며 공감을 잘하는 사람으로 보인다. 함께하고 나눔으로 활기를 얻고, 격식을 따지지 않는 편이다. 다른 사람이 자신에게 하는 말이나 행동에 민감한 편이며, 타인의 감정도 잘 파악한다. 일보다는 인간관계에 대해 더 관심이 많으므로 쉽게 친숙해진다.

〈단일유형 설명〉

DISC 진단 결과 제일 높은 점수에 해당하는 유형으로 참고한다.

D(주도형, Dominance)	
표현되는 형용사	주도적인, 명령하는, 경쟁적인, 모험심 강한, 독단적인, 결단력 있는, 직관적인, 큰 그림, 요구가 많은, 주장하는, 모험적인, 성공지향적, 추진력 있는, 과업지향적 Dogmatic(독단적인), Domineering(거만한), Directive(지배적인), Demanding(요구하는), Decisive(단호한), Determined doer(결연한 실행자), Dictatorial(독재적인), Defiant(도전적인)
장점	성과를 잘 올린다. 열심히 일한다. 포기하지 않는다. 책임감이 있다. 자신감이 있다. 도전을 잘한다. 지도력이 있다. 목표 및 결과 지향적이다. 어려운 문제를 잘 해결한다. 용감하다. 통솔력이 있다. 집중력이 있다. 근면한다. 결단력이 있다.
단점	조급하다. 융통성이 없고 고집이 세다. 다른 사람에게 무관심하다. 세부 사항을 무시한다. 제한받는 것을 참지 못한다. 성격이 급하다. 참을성이 적다. 남을 무시하는 경향이 있다. 경솔하다. 책임을 전가하는, 독단적이다.
동기유발	도전과 변화

I(사교형, Influence)	
표현되는 형용사	사교적인, 융통성, 설득력, 촉진자, 긍정적인, 충동적인 감성적인, 감동을 주는, 활동적인, 정열적인, 낙천적인, 자발적인, 사랑이 많은, 사교적인, 매력적인, 무대 체질, 용서를 잘하는, 칭찬하는 Inspirational(영감이 풍부한), Interacting(영향을 끼치는), Impressive(인상적인), Interested(흥미 있는), Interchangeable(융통성 있는),
장점	낙관적이다. 표현력이 좋다. 인간적이다. 열정적이다. 설득력이 좋다. 분위기 메이커다. 동기유발을 잘 시킨다. 폭넓은 인간관계를 갖는다. 융통성이 있다. 자발적이다. 격려를 잘한다. 상상력이 풍부하다. 상대를 배려한다. 감동을 준다. 활동적이다.
단점	말이 앞선다. 충동적으로 행동한다. 변덕스럽다. 뒷정리가 안 된다. 사치스럽다. 능력에 대해 과대평가한다. 의지가 약하다. 산만하다. 유혹에 잘 빠진다. 즉흥적인 편이다.
동기유발	인정과 칭찬

S(안정형, Steadiness)	
표현되는 형용사	안정적, 조직순응적, 팀 중심, 꾸준한, 조용한, 우유부단한, 시작이 느린, 변화에 느린, 온화한, 친절한, 실제적인, 감정을 억제하는, 성실한, 겸손한, 표현을 피하는, Sweet(부드러운), Steady(한결같은), Stable(안정적인), Shy(부끄러워하는), settle for(안주하는), specialist(전문가)
장점	꾸준하다. 협조적이다. 남을 잘 도와주고 섬긴다. 대인관계가 원만하다. 다른 사람의 의견을 잘 들어준다. 인내심이 크다. 여유가 있다. 일관성이 있다. 경청을 잘한다. 전문적이다. 성실하다. 관대하다.
단점	피동적이다. 일을 잘 미룬다. 우유부단하다. 갈등을 회피한다. 게으른 편이다. 야망이 없다. 지나치게 협조적이다. 겁이 많은 편이다. 압박을 두려워한다.

동기유발	현상 유지와 안정
C(신중형, Conscientious)	
표현되는 형용사	완벽한, 보수적인, 이성적, 깔끔한, 세심한, 차분한, 까다로운, 비판적인, 냉담한, 불평 많은, 비사교적, 부끄러워하는, 상처를 쉽게 받는 논리적인, 도덕적인, 신중한, 자존감이 높은 Calculating(계산적인), Cautious(신중한), Competent(유능한), Conservative(보수적인), Correct(정확한), Concise(간결한), Critical(비판적인), Concrete(구체적인)
장점	논리적이다. 유능하다. 정확하다. 분석적이다. 정리 정돈을 잘한다. 절제력이 있다. 예술적인 성향이 있다. 질적 가치를 중시한다. 창의성이 강하다. 양심적이다. 기준 높은 호기심이 있다. 질적 가치를 중시한다. 예민하다. 완벽함을 추구한다. 자존감이 높다.
단점	비관적이다. 의심이 많다. 자발성이 약하다. 비판에 예민하게 반응한다. 지나치게 조심스럽다. 세부적인 일에 얽매인다. 융통성이 없다. 계산적이다. 이기적이다. 음흉스럽다. 상처를 쉽게 받는다. 자기비하적이다. 의심이 많다. 비사교적이다.
동기유발	정확성과 원칙

④ DISC 적용

DISC와 같은 진단 도구를 활용하면 객관적인 시선으로 자신과 자녀를 바라볼 수 있다.

우선 장점을 되도록 많이 써 본 후에 단점을 적어보도록 한다. 장단점은 동전의 양면과 같이 함께 하는 경우가 많다. 호기심이 많아 새로운 것을 잘 시작하는데 금방 싫증을 내고 변덕스럽기도 하다. 결단력이 좋으면서 신중하기가 어려울 수 있다. 내가 무엇에 초점을 맞추느냐에 따라 같은 사람에게 볼 수 있는 것이 달라진다. 먼저 장점을 인식하여 그 가능성을 최대한으로 살린다. 이후에 치명적인 단점은 보완할 수 있도록 교육하면 된다.

	본인	자녀 1	자녀 2
나이/성별			
DISC 유형			
장점			
단점			
개발할 점			
새롭게 알게 된 점			

〈민수 엄마가 작성한 예시〉

	본인(엄마)	자녀(민수)	자녀 2
나이/성별	36세/여	8세/남	1세/여
DISC 유형	CS	DI	
장점	분석적인, 예술적인, 온화한, 사려 깊음, 전문적인, 꾸준한, 예민한	열정적, 사교적인, 분위기 메이커, 유연함, 적응을 잘하는, 호기심이 많은, 인사성 좋음, 체력이 좋음	잘 잔다, 잘 먹는다, 건강하다, 잘 웃는다, 발육이 좋다.
단점	겁이 많음, 비사교적, 비판적, 비자발적, 타인의 시선에 너무 신경을 씀	급한 성격, 변덕스러움, 산만함, 집중력 약함	없음
개발할 점	당당함, 자기주장	집중력	
새롭게 알게 된 점	민수가 잘못된 것이 아니다. 수업 시간에 집중할 수 있도록 교육을 하면 더 잘할 수도 있다. 아이가 어른에게 맞추는 것이 아니라 반대가 되어야 한다. 내 아이가 무조건 잘한다고 우길 수는 없지만, 엄마인 내가 믿어줘야 한다. 내 기준에 안 맞는다고 문제아로 보면 안 된다. 선생님께 도움을 받을 방법을 생각해 봐야겠다.		

⑤ 긍정 언어의 사용을 습관화하기

EBS 다큐멘터리 '언어발달의 수수께끼'에서 흥미로운 실험을 소개했다.

한 그룹 아이들에게는 부정단어가 있는 카드를 보여주고, 다른 그룹의 아이들에게는 긍정단어가 있는 카드를 보여준 후에 카드를 이용해서 문장을 만들도록 했다. 그 이후에 다음 실험 단계로 이동하라고 하는 중에 숨어있던 아이가 일부러 복도에서 부딪히는 상황을 연출해 아이들의 행동을 관찰했다.

그 결과 긍정단어를 본 아이들은 대부분 먼저 사과를 했지만, 부정단어를 본 아이들은 공격적인 반응을 보였다.

이는 행동을 바꾼 것은 언어라는 것을 밝히고 있다.

아무리 좋은 재능을 가지고 있더라도 일상에서 잘 활용할 수 있어야 자신을 성공시키는 자원이 된다. 자신의 장점(자원)을 최대한 발휘하기 위해서는 '회복탄력성'의 강화가 더욱 중요하다.

회복탄력성이란 '스트레스와 역경을 겪은 후 이전 상태로 되돌아갈 수 있는 능력'인데 적응유연성이라고도 불린다. 스트레스나 역경에 적극적으로 대처하고 시련을 견뎌낼 수 있는 능력이다.

전북대학교 임상심리학과 손정락 교수의 논문 '신뢰와 건강'에 따르면, '몸은 의식의 객관적인 경험이다. '생각'이나 '기대'와 같은 의식적인 노력이 스트레스를 줄일 수도 있고, 면역체계를 강화할 수 있다.'라고 한다. 인간 의식의 결과물인 말도 몸과 마음의 건강에 영향을 미칠 수 있다. 특히 회복탄력성도 어떤 말을 사용하는가에 따라 그 크고 작음이 결정될 수 있다고 한다.

평소에 어떤 언어를 주로 쓰고 있는지 살펴보자. 부모의 부정 언어 사용 빈도가 높으면 자녀 역시 부정의 언어를 사용할 가능성이 커진다.

언어는 생명력을 갖고 있으며 인간의 삶을 결정짓는다. 그러므로 유년 시절의 언어사용 교육은 매우 중요하다.

다음은 데이비드 호킨스 박사가 주장한 의식 레벨에 대한 표이다. 호킨스 박사는 인간의 의식 발달 레벨을 0에서 1000까지 수치로 환산해서, 각 레벨에서 드러나는 의식의 수준을 묘사했다.

평소에 내가 쓰는 말이 어떤 수준인지 살펴보고 고의식 수준의 언어로 바꿀 수 있도록 한다.

과학자들은 생체에서 방사되는 에너지장을 오라(aura)라고 하며, 이 오라를 통해 건강과 감정 등을 살핀다고 한다. 생체에너지, 즉 오라를 촬영하는 장치로 널리 알려진 것이 키를리안 사진기이다. 오라의 존재나 키를리안 사진기가 전혀 과학적인 근거가 없다며 유사 과학으로 비판을 하는 과학자도 많다. 하지만 같은 사람인데 기분에 따라 오라의 색깔이 다르게 찍히는 것을 보면 신기하다.

사람에게 오라가 있는 것이 맞는지 아닌지를 떠나서 우리는 기운을 느낄 수가 있다. 가족 중 한 명이라도 우울하면 그 기분은 금방 주변으로 퍼져간다. 특히 엄마의 기분은 그 집안의 분위기를 좌우한다. 그것을 기운 또는 분위기라고 표현할 수 있을 것이다. 그 분위기는 언어에 의해서 크게 좌우되기도 한다.

예를 들어 습관적으로 귀찮다는 말을 많이 하는 사람들은 생체에너지장이 회색을 띤다고 한다. 굳이 생체에너지 색을 언급하지 않더라도, 계속 귀찮다고 말하는 사람 옆에 있기만 해도 가슴이 답답해 온다. 이

것은 무기력을 표현한다. 이들은 항상 "한번 해볼까? 쥐구멍에도 볕 들 날이 있다. 인생은 변한다. 세상도 바뀌고 내게도 기회가 올 것"이라는 말을 자주 하면서 무기력한 에너지장을 바꿔야 한다.

내가 쓰는 말이 내 자녀의 언어가 되고 자녀의 인생에 영향을 미칠 수 있다는 것을 명심하자.

수준	감정	대수의 수치	사용되는 언어의 예시
수치심	굴욕감	20	비참하다. 차라리 사라져 버릴까?
죄의식	비난	30	너 때문이야. 나는 왜 이렇게 생겨 먹었을까?
무기력	절망	50	난 더는 할 수가 없어. 한계에 다 다랐어.
슬픔	후회	75	더 열심히 할 걸. 그때 그러지 말았어야 했어.
두려움	근심	100	이걸 어떻게 하지? 난 못해 너나 해.
욕망	갈망	125	이번에는 꼭 1등 해야 해. 저걸 꼭 가져야 해.
분노	미움	150	내가 이렇게 하지 말라고 했지? 저 사람은 너무 싫어.
자만심	경멸감	175	그 정도밖에 못 하나? 내가 한참 때는 말이야.
용기	긍정	200	넌 잘할 수 있어. 최선을 다하는구나.

중용	신뢰	250	서로 다른 이야기를 들어보자. 서로 다른 생각을 할 수 있어.
자발성	낙관	310	제가 해볼게요. 다행이네요. 무엇을 도와 드릴까요?
포용	용서	350	그럴 수도 있다. 그것도 좋은 거예요.
이성	이해	400	진심으로 이해해. 좋은 방법을 같이 찾아보자.
사랑	존경	500	사랑한다. 네가 자랑스러워.
기쁨	고요함	540	고맙습니다. 그냥 웃음이 납니다.
평화	축복	600	우리는 모두 하나이다.
깨달음	순수의식	700 이상	언어 이전의 단계임

지난 3일 동안, 어떤 말을 주로 썼는지 적어보자.
- 특히 가족에게 어떤 말을 주로 썼는가?

평소에 쓰는 언어 습관을 돌아보고 저의식의 말이 많다면 고의식의
언어로 바꾸는 훈련을 해보자.

수준	감정	평소에 내가 쓰는 언어	바꿀 언어
수치심	굴욕감		
죄의식	비난		
무기력	절망		
슬픔	후회		
두려움	근심		
욕망	갈망		
분노	미움		
자만심	경멸감		
용기	긍정		
중용	신뢰		
자발성	낙관		
포용	용서		
이성	이해		
사랑	존경		
기쁨	고요함		
평화	축복		
깨달음	순수의식		

⑥ 마음의 평온(평정심) 유지하기

"대체로 천하의 만물이란 모두 지킬 것이 없고, 오직 나[吾]만은 지켜야 하는 것이다. (중략) 그러므로 천하에서 가장 잃어버리기 쉬운 것이 나[吾] 같은 것이 없다. 어찌 실과 끈으로 매고 빗장과 자물쇠로 잠가서 굳게 지켜야 하지 않겠는가." 나는 잘못 간직했다가 나를 잃은 자이다.

― 수오재기(守吾齋記)

"무릇 지킬 만한 것보다 더욱 네 마음을 지키라 생명의 근원이 이에서 남이니라"

― 잠 4:23

　다산 정약용 선생은 수오재기에서 물질을 지키는 것보다 본질적인 나(마음)를 지키는 것이 중요하며, 어렵다고 표현했다. 또한 성경에서는 마음을 지키는 것이 생명의 근원이라고 한다. 마음을 지키는 것이 그만큼 중요하다는 의미이다. 마음을 지키는 것을 평정심이라고 표현할 수가 있다.

　평정심은 냉담함이나 무관심이 아니다. 평정심은 전전두엽의 전형적인 정서 조절 상태와는 달리, 느낌과 경험에 반응하지 않는 것이다. 이는 뇌의 입장에서는 대단히 특이한 일이다. 진화상 뇌는 변연계의 신호, 특히 유쾌, 불쾌의 느낌에 반응하도록 설계되었기 때문이다. 위대한 영적 스승이나 리더들은 평정심을 유지하기 위한 많은 수련을 한다. 부처는 '자신의 상태를 완전히 알지 못한 채 담담해지지 않는다'라고 한다. 여기서 담담함은 평정심을 뜻한다. 즉 '무지몽매'가 평정심이 아니라는 것이다. '완전히 안다는 것'은 자신의 느낌이 어떤지를 완벽하게 파악한다는 것이다.

세계에서 성공한 사람 200명을 집중하여 취재하고 그 성공 비결을 정리한 『타이탄의 도구들』에서 팀 페리스는 아침 명상을 소개한다. 명상(冥想/瞑想, meditation)의 한자나 어원을 살펴보면 깊이 생각함, 반추하고 곱씹음 등의 뜻이 있다. 부처의 말씀대로 알아차리는 방법이다. 성경에서의 묵상과 그 의미가 비슷하다. 명상은 종교적인 행위가 아니라, 자신의 정서 상태와 느낌을 알고 마음의 균형을 잡는 방법으로 활용할 수 있다. 팀 페리스는 하루 10~20분의 명상을 통해 현재 상황을 직시하고, 사소한 일에 예민하게 반응하지 않고, 침착한 태도를 유지할 수 있다고 한다.

마이크로 소프트 창업자인 빌 게이츠가 자신의 블로그를 통해 "최근 명상에 관해 훨씬 더 잘 이해하게 됐으며, 일주일에 2~3번씩 명상을 하고 있다"라고 했다.

그는 "명상을 통해 뒤로 물러나 어떤 생각이나 감정에서 편안함을 얻을 수 있게 도움을 받았다", "명상은 머릿속의 생각에 주의를 기울이는 방법을 배우고, 생각에서 약간의 거리를 두게 하는 것을 얻게 해주는 역할을 한다"라고 강조했다.

『사피엔스』의 저자 유발 하라리는 인간이 역사상 어느 때보다 많은 지식을 갖고 있지만, 미래 예측은 점점 더 어려워지고 있고 자칫 혼돈과 무지의 상태에 직면할 수 있다고 경고한다. 또한 더 많은 힘을 갖게 된 과거에 비해 행복은 더 커지지 않았고, 그 힘을 행복으로 활용하는 방법을 찾지 못하고 있다고 한다. 유발 하라리는 이 같은 문제를 해결하기 위해 정신적 균형감각과 사고의 유연성을 기르는 것이 무엇보다 중요하다고 강조하고 있다. 그는 자신의 정신적 균형감각과 사고의 유연성을 키우기 위해 명상을 한다고 말한다. 하라리는 명상을 "그냥 단지 현실을 있는 그대로 받아들이는 것"이라고 정의한다. 눈을 감고 앉아서 내 몸과 마음에서 그리고 주위에서 일어나는 일을 그저 알아챈다는 것이다. 하라리는 명상을 통해 모든 이론이나 학설 등을 한쪽으로 치워두고 세계를 그냥 있는 그대로 바라보는 것을 통해 학문적 연구에 도움을 받는다고 한다. 빌 게이츠와 유발 하라리 외에도 명상의 효용성을 소개하는 유명인들은 많다. 오프라 윈프리, 아놀드 슈왈제네거, 비틀즈 등이 있고, 우리나라의 배우 김혜자와 교육자 김상호 교수도 명상을 한다고 한다.

자녀에게도 명상을 가르칠 수 있다면 좋다. 단 주의할 것은 명상을 시키려면 아이의 일상을 느슨하게 만들어줘야 한다는 것이다. 그렇지 않으면 명상이라는 과목이 하나 더 늘어서 괴로울 뿐 원하는 효과는 얻을 수 없다. 한때 집중력 강화에 도움이 된다는 이유로 아이들 명상이 유행했다. 그래서 내 학생들에게도 명상을 시켜 보았다. 명상 시간 앞뒤로 학원 일정이 빡빡한 아이들의 반응은 거의 비슷했다. "선생님 이거 언제까지 해요? 좀 일찍 끝내주시면 안 돼요? 영어 숙제 못 했는데요." 학업에 도움이 된다는 이유로 없는 시간을 쪼개서 시키지 마라. 득보다 실이 더 많다. 명상이 좋다는 것을 경험한 아이들은 시키지 않아도 한다. 집중력이 생기고 공부의 효율도 좋아진다. 당연히 성적도 좋아진다. 스스로 마음을 들여다보고 관리할 수 있는 아이들의 성장 가능성은 매우 커질 것이다.

명사들이 소개하는 것을 보면, 명상은 하루에 일주일에 2~3회 10분부터 매일 1~2시간까지 시간과 종류도 다양하다.

자신에게 맞는 명상법을 찾아서 꾸준히 실행하는 것이 중요하다. 또는 자신의 종교에 해당하는 기도를 꾸준히 하는 것도 좋은 방법이다.

이외에도 평정심을 유지하기 위한 최적의 방법을 찾아볼 것을 권한다. 신나는 음악에 맞춰 춤을 추기, 큰소리로 노래 부르기, 운동하기, 등산하기 등 본인에게 제일 효과가 있는 것을 찾아보라.

:: 4) MI(사명 지능) 키우기

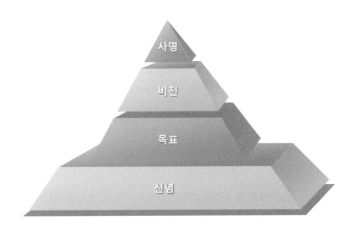

① 사명, 비전, 목표, 신념

사명이란 미션(Mission)에서 유래한 말로 "왜 존재하는가?"에 대한 답이다. 기업에 적용한다면 그 조직의 존재 목적이 되기 때문에 가장 우선시해야 하며 변하지 않아야 한다.

비전(Vision)이란 "무엇이 될 것인가?" "무엇을 이룰 것인가?"에 대한 답이다. 기업이라면 사명에 따라 구체적으로 달성해야 할 조직의 중장기적 미래에 해당한다. 비전은 실질적이며 조직원들을 선도할 수 있어야 하며 구체적이고 명확한 조직의 미래를 표현할 수 있어야 한다. 이는 사명을 실현하기 위한 목표지점에 해당한다.

위대한 조직은 반드시 명료한 사명과 비전을 가지고 있다. 이와 마찬가지로 개인도 인생이라는 여정에서 명료한 사명과 비전을 세우고 나아가야 한다. 사명은 인생의 목적을 담고 있다. 단순한 수단이 아니라 내 인생의 존재 이유가 된다. 따라서 나의 정체성을 표현하며, 나의 핵심가치를 지키는 것이다. 나를 버티게 하는 든든한 뿌리로서 나를 성장시키고 목적을 달성하게 하는 근본적인 동력을 제공하게 된다.

비전은 바탕에는 인생의 원대한 이상이 담겨있다. 이는 내가 꿈꾸는 목적지가 된다. 좋은 비전이 있으면 몰입하게 되고 인생의 의미와 방향을 잊지 않게 된다.

목표란 비전을 이루기 위한 과정이면서 거쳐야 하는 크고 작은 성취를 의미한다. 학교 성적을 올리거나 대학에 진학하는 것. 좋은 직장에 취직하는 것, 자격증을 취득하는 것 등은 목표가 된다. 단기, 중기, 장기 목표를 세우고 체계적인 행동 계획으로 실천해야 한다. 목표는 사명과 비전을 이루기 위한 중간 디딤돌이다. 많은 사람이 목적과 목표를 착각하고 있다.

학생들에게 공부를 잘해야 하는 이유를 물으면 좋은 대학에 가기 위해서라고 대답한다. 좋은 대학에 가야 하는 이유에 대한 답은 좋은 직장에 취직하기 위해서다. 왜 좋은 직장에 취직해야 하는가? 계속 묻다 보면 결국에는 인생의 목적에 도달한다. 좋은 성적, 좋은 대학, 좋은 직장은 내 인생에서 최종 목적지는 아니다. 내가 원하는 삶을 살아가기 위한 수단일 뿐이다. 근원적인 물음에 대한 답을 찾지 않고 목표만 보고 달려간다면 어느 순간 허무함과 박탈감에 빠져서 스스로 묻게 된다.

"내가 왜 이렇게 살지?"

"잘살고 있는 것일까?"

"왜 이렇게 허무하지?"

"나는 왜 이렇게 사는 게 힘이 들지?"

신념은 비전과 목표가 흔들리지 않게 받쳐주는 정신적 가치에 해당한다. 신념이란 어떤 사건이나 행위와 같은 환경적 자극에 대해서 각 개인이 갖는 태도로서 개인의 신념체계 또는 사고방식이라 할 수 있다. 이는 개개인에 깊게 뿌리박혀 있고, 무의식적으로 우리의 행동과 정서를 지배한다.

"아침에 일찍 일어나는 새가 벌레를 잡는다."라는 신념을 가지고 있다면, 일찍 일어나서 행동하게 될 것이다. 늦게 일어나서 성공하고자 한다면 자신의 신념에 어긋나는 행동을 하는 것이다. 신념은 우리가 살아가는 데 필요한 핵심 동력이 되지만 잘못된 신념은 삶의 방향을 잘못 인도하고 무서운 결과를 낳을 수 있다.

신념체계는 합리적 신념체계(Rational Belief System)와 비합리적 신념체계(Irrational Belief System)로 구성된다. 합리적 신념체계는 건강하고 생산적이다. 또한, 적응적이고 사회적 현실에 잘 맞는 생각이다. 그러므로 적절한 정서적·행동적 결과를 일으킨다. 그러나 비합리적 신념체계는 독단적이고 건강하지 못한다. 경직되고 부적응적이어서 목표를 이루고자 하는 당위 및 강요의 형식을 띠게 된다. 이로써 부적절한 정서적·행동적 결과를 일으킨다. 비합리적 신념체계를 가지고 있을 때는 심리적 어려움을 겪을 수 있다. 그러므로 합리적 신념체계를 구축하고 비합리적 신념체계를 알아차릴 수 있어야 한다.

② 핵심가치단어 찾기

자신의 사명을 찾아가는 것은 만만한 일이 아니다. 스티븐 코비는 어느 인터뷰에서 가족의 사명 선언문을 완성하는 데 여덟 달이 걸렸다고 한다. 어렵고 힘들지만, 인생에서 꼭 필요한 것이 자신의 사명을 아는 것이다. 여기서는 사명을 알기 위한 첫 단계인 자신의 '핵심가치'를 찾아보도록 하겠다.

우리의 삶에서는 매 순간 선택해야 한다. 누구나 후회하는 선택을 한 경험이 있을 것이다.

'그때 그것을 할걸', '그때 부모님 말씀을 들을걸', '그때 그것을 안 해야 했던 건데', '그때로 돌아갈 수 있다면 얼마나 좋을까?' 하지만 과거로 돌아갈 수는 없다. 인생에서 후회하지 않을 방법이 있을까? 하지만, 최선의 선택은 가능할 것 같다. 그 선택의 기준은 각자 중요시하는 가치에 따라 달라진다. 어렵고 복잡한 상황일수록 명확하고 좋은 가치가 중요하다. 좋은 가치는 기준을 명확하게 해 자신의 본래 모습을 잃지 않고 살아갈 수 있도록 도와준다.

가치를 찾는 것도 자기 탐색의 기본이 된다. 주어진 환경이나 교육으로 주입받은 것이 아니고 본연의 내 모습을 표현하는 것을 찾아야 한다.

〈핵심가치 찾기 활동〉

편안한 상태에서 다음 질문에 답을 하고 나의 가치를 찾아보자.

질문 1. **자연을 구성하는 요소 중 '물, 불, 바람, 땅'의 특징을 생각해**
     보자.

당신은 이 중 어떤 것과 가장 닮았는가? 자신과 가장 닮았다고 생각
하는 것의 요소를 적어보자. (3~5개 정도)

  예) 불: 뜨겁다, 열정적이다, 태운다, 파괴적이다, 힘이 넘친다, 집어삼킨
     다, 힘을 준다.

질문 2. **존경하거나 부러운 사람을 떠올려 본 후, 그 사람의 특징을 적**
     어보자. (3~5개 정도)

위인, 가상의 인물, 주변인 모두 가능하다. 단 그 특징을 형용사의 형
태로 구체적으로 생각해 보자. 만약 돈을 많이 버는 것이 부럽다면 그
사람이 돈을 많이 번 원인이 무엇인지를 상상해 보자.

  예) 스칼릿 오하라(바람과 함께 사라지다): 열정적, 당당함, 아름다움, 유
     연함
     이순신: 용감함, 결단력, 강인함, 대처능력

질문 3. **나를 동물로 표현한다면 어떤 것인가? 어떤 점이 닮았는가?**
     혹은 어떤 것을 닮고 싶은가? 그 특징을 3~5 정도 적어보자.

  예) 송골매: 민첩함, 자유로움, 영민함, 강인함

질문 4. 다음의 가치 단어 중에서 5개만 가질 수 있다면 어떤 것을 택하겠는가? 오래 고민하지 않고 직관적으로 골라보자.
원하는 단어가 없다면 개인적으로 추가해도 좋다.

열정	공헌	안정성	지식	자유
성공	겸손	용기	명랑함	발전
최선	가정	우정	탁월함	명예
도전	끈기	유머	책임	재미
능력	리더십	존경	성실	정의
감사	프로정신	조화	조건 없는 사랑	진실
성취	아름다움	평화	희생	긍정
건강	성장	인내	예의	영성
권력	영향력	자비	부(富)	정직
창의성	지혜	( )	( )	( )

찾은 단어: (   ), (   ), (   ), (   ), (   )

위의 4가지 질문에 답을 한 후에는 다음의 순서대로 활동한다.

① 포스트잇이나 종이카드에 1~4번까지에 나온 단어를 적는다. 한 장에 한 단어씩을 적는다.

② 포스트잇에 적은 단어 중 10개만 남기고 나머지는 버린다.

③ 남긴 10장 중 3개를 고르고 나머지 카드를 버린다. 최종적으로 3개의 단어만 남긴다.

단어를 고를 때는 마음에 편안함과 즐거움 또는 의욕이 생기는 단어를 택한다. 그래야만 한다는 당위성이 아니라, 그냥 마음에 끌리는 것을 선택해 보도록 한다.

고른 단어를 보면서 어딘가 불편하다면 다시 고르면 된다. 최종으로 고른 3개의 단어를 '핵심가치단어'라고 한다.

핵심가치 단어는 사전적인 의미만을 뜻하지는 않는다. 포괄적인 느낌이 공존한다.

나의 핵심가치 단어 (　　　), (　　　), (　　　)

예)
필자의 최종 핵심가치 단어는 "열정, 자유, 영향력"이다.
열정은 성장, 성취, 자기 계발, 희망, 도전 등의 느낌이,
자유는 재미, 당당함, 포용, 자신감, 부유함 등의 느낌이,
영향력에는 리더십, 나눔, 함께함, 매력적인 등의 느낌이 있다.

가치 단어를 찾는 것은 자신을 새롭게 알아가는 흥미로운 작업이 된다. 어려운 의사 결정을 할 때, 나의 판단의 기준이 되면서 내가 방향을 잃지 않게 도와준다.

예) 기업과 대학에서 리더십 강의를 하고 청소년의 진로학습코칭이 나의
　　주 분야인데. 안전과 관련한 협회의 대표를 제안받았다.
　　안전이라 하면 건설 등에서 경험이 있고 관련 자격이 있는 남자라는
　　이미지가 먼저 떠올라서 선뜻 대답하기가 어려웠다. 하지만 넓게 본

다면 범국민적인 안전의식의 신장이 필요하고 이를 위해 교육이 뒷받침되는 게 필요하다고 판단되었다. 교육이라면 내가 자신 있게 할 수 있는 분야이다. 각 지역에 안전지도사를 양성하여 함께 안전의식 신장을 위해 활동하는 것에 대한 비전이 그려졌다. 그리고 새로운 것에 도전해 보는 것도 내 열정을 나눌 의미 있는 것이라서 대표를 맡아서 활동하였다.

결국, 인생에서 중요한 결정을 할 때는 자신의 핵심 가치대로 움직이게 된다.

③ 나의 신념체계 분석

인생의 목표를 위해 전진할 때 나를 받쳐주는 힘인 신념에 대해서 살펴보겠다.

본인의 합리적 신념과 비합리적 신념을 찾아 나에게 힘을 주는 신념과 나를 제한하는 신념을 구분해 본다.

다음의 표에 나의 신념을 적은 후, 그 내용이 나에게 어떤 영향을 미치는지 생각해 본다.

	구체적인 내용
1	
2	
3	
4	

5	
6	
7	
8	
9	
10	

| 신념체계 예시 |

	구체적인 내용
1	성장을 위해 지속해서 노력하는 것이 중요하다.
2	나이가 들면 새로운 것을 배우기가 어려워.
3	사람들은 각자의 장점이 있어.
4	남에게 신세 지면 안 돼.
5	시간은 소중한 자원이야.
6	지혜로운 사람이 되어야 한다.
7	끝까지 하는 것이 없어.
8	나는 목적을 이룰 수 있어.
9	키가 작은데 살까지 찌면 곤란해.
10	노력해도 안 되는 것이 많아.

긍정적인 신념과 제한하는 신념을 구별해 본다. 명확하게 구별하기 어려울 때는 나에게 힘을 주는 신념인지 힘을 빼는 신념인지를 생각해 본다.

예를 들어 '남에게 신세 지면 안 돼'라는 신념이 현재 나에게 어떤 영향을 미치는지 살펴본다. 이 신념 때문에 남의 호의를 고맙게 받아들이는 게 아니라 오히려 불편해하거나 상호관계를 피한다면 제한하는 신념이라고 볼 수 있다.

|긍정적인 신념 vs 제한하는 신념|

힘을 주는 신념	제한하는 신념

|예시|

힘을 주는 신념	제한하는 신념
성장을 위해 지속해서 노력하는 것이 중요하다.	나이가 들면 새로운 것을 배우기가 어려워.
사람들은 각자의 장점이 있어.	남에게 신세 지면 안 돼.
시간은 소중한 자원이야.	끝까지 하는 것이 없어.
지혜로운 사람이 되어야 한다.	키가 작은데 살까지 찌면 곤란해.
나는 목적을 이룰 수 있어.	노력해도 안 되는 것이 많아.

④ 제한된 신념 바꾸기

제한된 신념의 이면에는 대개 낮은 에너지 레벨의 의식이 있다. 대표적인 것이 무기력과 절망이다.

절망감은 원하는 목표를 이루기 어렵다는 생각을 의미하며, 이는 자신의 능력과는 상관이 없다고 생각한다. 흔하게 "열심히 해 봤자 소용없어. 이렇게 불공평한 사회에서는 노력은 크게 중요하지 않아. 이미 기득권자들이 다 차지하고 있어. 내게 돌아올 것은 거의 없어"라고 생각하게 된다.

무기력은 원하는 목표가 실현 불가능한 것은 아니지만 자신의 능력이 없어서 이룰 수 없다고 생각한다. "나는 못 해. 나는 이것을 해낼 능력이 없어"라고 생각하게 된다. 이러한 생각은 자신은 원하는 것을 얻을 자격이 없다는 무가치감과 수치심을 유발하기도 한다. 이러한 신념들은 정신적 신체적 악영향을 미치고 우리의 성공을 방해한다. 이러한 신념을 용기, 자기 신뢰, 낙관 등의 상위레벨의 의식 수준으로 바꾸어 나가야 한다.

제한된 신념은 내면에서 나의 성장을 방해하는 그레믈린으로 작동하기도 한다. 이는 무의식적으로 작동하는 경우가 많아서 자신을 심하게 제한할 때는 전문가의 도움을 받는 것이 좋다. 제한된 신념 바꾸기와 그레믈린의 제거는 코칭에 자주 사용되는 기법이다.

나를 제한하는 신념을 발견했다면 "어떻게"라는 질문을 활용하면 제한된 신념 바꾸기에 도움이 된다.

예) 나이가 들면 새로운 것을 배우기가 어려워.

→ "어떻게 하면 새로운 것을 배울 수 있을까?"

끝까지 하는 것이 없어.

→ "어떻게 해야 일을 끝까지 할 수 있을까?"

종종 제한된 신념은 자신을 보호하고 합리화하는 긍정적 의도로 생겨나기도 한다. 긍정적 의도를 파악했다면 그 의도를 인정해준다. 때론 제한된 신념이라도 너무 바꾸기 어렵거나 크게 문제가 되지 않는다면 그대로 두어도 좋다.

EFT도 신념 바꾸기에 도움을 준다. 나의 힘을 뺏어가는 부정적인 신념이 보인다면 EFT를 활용해서 제거한다.

신념은 살아가면서 스스로 만들어가기도 하지만 교육과 경험에 의해서 자신도 모르게 습득된다.

"남자는…… 해야 해."

"학생은…… 해야 해."

"게으른 사람은 성공할 수 없어."

"공부란 원래 지루한 거야."

"이렇게 공부를 못해서는 멋진 인생을 살 수 없어."

내 자녀에게 어떤 신념을 심어주고 있는지 살펴보자. 혹시, 나의 무지함으로 인해 제한된 신념을 물려주고 있었던 것은 아닌가?

이 장 서두의 질문에 대한 답을 다시 적은 후, 달라진 것이 있는지 확인해 보세요.

Q1 _ 다음의 상황이라면 당신의 자녀에게 어떤 말을 하겠습니까?

상황 1

초등학생 아이가 고양이를 키우겠다고 떼를 쓴다. 지난번에는 강아지를 키우다가 돌볼 사람이 없어서 할머니에게 맡겨 버린 상태다. 고양이는 잘 키울 수 있다고 우긴다.

상황 2

며칠 뒤에 학교 중간시험이 있는데, 중학생 아이가 가수 콘서트에 가고 싶다고 한다.

상황 3

고등학생 아이가 학교를 그만두고 검정고시를 보겠다고 한다.

Q2 _ 내 자녀의 가장 큰 장점은 무엇입니까?

Q3 _내 자녀는 어떤 어른으로 성장할 것 같나요?

Q4 _처음과 비교해서 어떤 것이 달라졌나요? 달라졌다면 그 이유는 무
엇입니까?

Q5 _내 자녀의 SQ를 높이기 위해서 당장 시작할 수 있는 것은 무엇입
니까?

| 최종 질문 |

책 본문을 시작하기 전에 소개한 부모들의 질문에 대한 답을 적어보세요.

아직 이 내용을 모르는 다른 부모님에게 얘기해 준다면 뭐라고 할 것인지, 내가 코치라면 어떻게 답할 것인지 생각해 보세요.

부모들의 질문

1. 미래에는 AI가 대부분이 직업을 대신하니, 인공지능에 대한 소양이 필요한데, 그러기 위해서는 수학, 과학 정보교육이 중요하대요. 이제 중학교 들어가니 수학 선행을 시켜야 할까요? 코딩 공부도 해야 할까요? 좋은 학원은 어떻게 골라요?

2. 초등학교 때는 그래도 성적이 괜찮았는데, 중학교 오니 성적이 점점 떨어져서 걱정이에요. 지금까지는 종합학원에 다녔는데, 개인 과외를 시키는 게 나을까요?

3. 그래도 대학교 졸업은 해야 하는 거 아니에요? 이왕이면 명문대면 더 좋고요.

4. 우리 애는 도대체 하고 싶은 게 없어요. 고등학교에 진학하기 전에 꿈을 정해야 하는 것 아닌가요?

5. 열심히 공부하는데 성적이 안 올라요. 엄마로서 어떻게 도와줄 수 있을까요?

6. 우리 애는 너무 마음이 약해요. 이런 유리멘탈로 세상을 살아갈 수 있을까요?

7. 세상이 너무 빨리 변하는 거 같아요. 이런 사회에서 우리 아이에게 꼭 필요한 능력은 무엇일까요? 그리고 어떻게 교육해야 하지요?

8. 우리 애는 온종일 게임만 해요. 어떡하지요?

9. 사춘기이라서 그런가요? 툭하면 성질을 내고 대화가 안 돼요. 어떻게 제 말을 듣게 할까요?

10. 오늘도 아이에게 화를 내고 말았어요. 안 그래야지 하는데 아이만 보면 화가 나요. 제가 문제인 거죠?

4지선다의 시험처럼 정답이 있으면 좋을 텐데, 아마 그렇게 똑떨어진 답은 없을 듯합니다. 하지만 그 답을 찾아가고 새로운 질문을 만들어가면서, 바람직한 변화가 생길 것입니다. 우리 자녀들에게 정말 필요한 것이 무엇인지 알게 될 테니까요.

글을 마무리하면서 저 자신에 대해 더 돌아보게 됩니다. 생의 순간마다, 나름의 최선을 다했다고 생각하지만, 지나고 보니 아쉽고 부끄럽습니다. 자녀 양육에 대해서는 더욱 그러합니다. 코치형 엄마가 되고자 했지만, 말뿐이었던 적이 많습니다. 무지해서 옳음과 그름을 구별하지 못했던 적도 있습니다. 나의 그릇된 신념을 강요하기도 했습니다. 시간을 되돌릴 수는 없지만, 같은 실수를 반복하는 어리석은 짓은 하지 말아야겠다고 결심합니다.

현재 삶에서 어려운 문제가 있다면, 먼저 자신을 돌아보기를 권합니다. 운이 없어서, 사회가 부조리해서, 돈이 없어서, 재능이 없어서, 이런 것들은 내 삶을 힘들게 하는 요소일 수는 있지만, 근본적인 원인은 아닙니다. 문제의 원인은 나로부터 시작합니다. 내가 바뀌면 많은 것이 변합니다. 내 인생의 목적을 찾는다면, 세상이 주는 편견이나 환상에서 벗어날 수 있습니다. 내가 눈을 뜨면 자녀도 밝은 눈으로 세상을 바라보고, 주체적인 삶을 살아갈 수 있습니다. 내 인생의 목적을 찾으려면 끊임없이 공부하고 정진해 나가야 합니다. 그 방법의 하나가 영성지능을 이해하는 그것으로 생각하고 이 글을 썼습니다. 영성지능은 자녀교육뿐 아니라 내 삶을 이해하는 데도 도움이 될 거라 생각됩니다.

코로나19로 인해서 패러다임이 바뀌고 있습니다. 뉴노멀 시대에 기존의 사고방식과 행동을 그대로 따른다면, 발전할 수 없습니다. 이 글이 뉴노멀 시대의 변화에 대응하는 데 조금이라도 도움이 되길 바랍니다. 책의 내용 중 하나라도 마음에 와닿는 것이 있으면 당장 실천해 보세요. 변화는 거창하게 시작되는 것이 아닙니다. 팀 패리스의『타이탄의 도구들』을 보면, 성공하는 사람들의 아침 습관 중의 하나가 이부자리 정돈입니다. 자고 일어나서, 자신의 이부자리를 정돈하는 사소한 습관이 인생의 성공을 이끄는 기본이 됩니다. 기본이 갖춰줘야 발전이 된다는 단순하고 명확한 원리입니다. 한 번에 많은 것을 바꾸려고 하는 것이 욕심이고, 실패로 가는 지름길입니다.

나비효과처럼, 작은 변화의 물결이 우리 사회를 발전시키는 원동력이 되기를 바랍니다. 우리의 자녀들이 진정한 자신의 모습대로 마음껏 꿈을 펼칠 수 있는 세상을 꿈꿔봅니다.

부록

:: 1) 행동유형 평가

① 행동유형 평가서 검사방법

(가) 행동유형 평가서 왼쪽의 질문을 읽고, 자신을 가장 잘 설명한 답에 순서대로 4, 3, 2, 1점으로 기록한다.

(나) 반드시 4, 3, 2, 1점 순으로 우선순위를 매겨서 점수를 기록한다.

(다) 15개의 질문에 모두 답을 했으면, 세로로 합산을 한다.

세로로 합산한 D, I, S, C의 네 개의 칸에 기록된 점수의 합 150점이 되어야 한다.

(라) 행동유형 평가서 프로파일의 D, I, S, C의 점수를 각 점수의 해당 위치에 점을 찍고 선으로 이어본다.

(마) D~C의 점수 중에서 35점 이상의 점수만 높은 순서대로 기록한 후, 행동유형과 프로파일을 찾아본다.

예) D: 35점, I: 42점, S: 33점 C: 40점이면, 35점 이상 중 높은 순으로 나열한 행동유형은 ICD이고, 그에 해당하는 프로파일은 업무협상가형이다.

DISC 행동유형 진단(부모용)

성인용 행동유형 진단지

홍광수 DISC연구소
www.disc.or.kr

각 문항에서 나를 가장 잘 묘사한 순서대로 4점 / 3점 / 2점 / 1점을 기입하세요.

	점수		점수		점수		점수
내 성격은 ——	명령적이고 도전적이다	사교적이며 감정 표현을 잘한다	태평스럽고 느긋하다	진지하고 꼼꼼하다
나는 어떤 일을 할 때 주로 ——	혼자서라도 빨리 해치운다	더 재미있는 일이 생기면 그것부터 한다	때가 되면 싫어도 참고 끝까지 한다	완벽하게 제대로 하기를 원한다
내가 가장 중요시 여기는 것은 ——	일의 결과중시	사람을 중시	팀과 사물중시	과정과 세부사항중시
내 목소리는 평소에——이다	지시적 힘있고, 짧고 굵고,높은 톤	감정적,열정적 가늘고 높은 톤	감정개입이 적고, 굵고 낮은 톤	감정억제하고 냉정하고 가늘고 낮은톤
다른 사람의 말을 들을 때 나는 ——	종종 참을성이 말을 자른다	쉽게 지루해 질 때가 있다.	주의를 기울여 듣는다	사실에 초점을 맞추고 분석한다
나는 주변 사람과 갈등이 생겼을 때	빠르게 내가 할 수 있는 모든 노력을 한다	긍정적 대화로 설득시키고 화해한다	내 주장보다는 타인의 의견을 따르게 된다	객관적 자료로 논리적 주장을 차분히 해ана다
나에게 시간은——	항상 바빠하는	교제에 많은 시간을 사용하는	시간을 중시하지만 여유있는	시간 활용을 잘하는
축구팀에 들어가면 나의 포지션은…	최전방 공격수	공격형 수비수	수비형 공격수	최종 수비수
나는 화가 날 때	대항하여 공격하고 소리를 지른다	속이 시원해질 때까지 친구와 수다를 떤다	좋아하는 음식을 많이 먹고 잔다	충분히 분석한 후 차분히 따진다
내가 교통표지판을 만든다면…	난폭 운전은 죽음을 부릅니다	웃는 엄마 밝은 아빠 알고 보니 양보 운전	조금씩 양보하면 좁은 길도 넓어진다	너와 내가 지킨 질서 나라 안녕 국가 번영
내가 영화를 제작한다면	감독	배우	카메라 맨	작가
내 자신은——	늘 용기 있고 자신만만하다	흥분되어 있고 긍정적이며 즐겁다	별걱정이 없고 결정을 잘 못한다	긴장되어있고 불만족스럽고 완벽주의다
나는 …스타일의 옷을 좋아한다	정장	멋을 내는 캐주얼	실용적이고 편안한 기능성	깔끔한 디자인 드러나지 않는 색상
내 제스처는 대부분——	강렬하고 액션이 크다	과장된 표정과 현란한 몸동작	특별한 제스처없이 눈만 꿈벅인다	경직된자세로 조용하며 단정한 몸동작
내 삶은——	빠르다	열광적이다	안정되어 있다	조절되어 있다
총 점	(가)	(나)	(다)	(라)

🔆 홍광수 DISC연구소
www.disc.or.kr

성인 행동유형평가서 프로파일

성명 [   ]

날짜 [20 년 월 일]

• 앞 페이지의 검사 결과대로 '가'는 **D**줄,
'나'는 **I**줄, '다'는 **S**줄, '라'는 **C**줄에 점수대로
점을 찍고 **35**점 이상의 것만 높은 점수순으로
영문을 기록하세요.

*행동유형 (영문) [   ]

*나의 행동유형은 [   ]이다.

(아래 프로파일 참조)

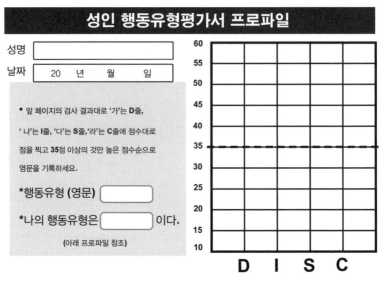

DISC의 40개 행동유형 프로파일

행동유형	프로파일	행동유형	프로파일	행동유형	프로파일
D	감독자형	I/S	격려자형	S/C/D	전략가형
D/I	결과지향형	I/S/D	헌신자형	S/C/I	평화중재자형
D/I/S	관계중심적 지도자형	I/S/C	코치형	C	논리적 사고형
D/I/C	대법관형	I/C	대인협상가형	C/D	설계자형
D/S	성취자형	I/C/D	업무협상가형	C/D/I	프로듀서형
D/S/I	업무중심적 지도자형	I/C/S	조정자형	C/D/S	심사숙고형
D/S/C	전문가형	S	팀플레이어형	C/I	평론가형
D/C	개척자형	S/D	전문적 성취자형	C/I/D	작가형
D/C/I	대중강사형	S/D/I	디자이너형	C/I/S	중재자형
D/C/S	거장형	S/D/C	수사관형	C/S	원칙중심형
I	분위기 메이커형	S/I	조언자형	C/S/D	국난극복형
I/D	설득자형	S/I/D	평화적 리더형	C/S/I	교수형
I/D/S	정치가형	S/I/C	상담자형		
I/D/C	지도자형	S/C	관리자형		

DISC 행동유형 진단(자녀용)

홍광수 DISC연구소
www.disc.or.kr

청소년 행동유형평가서

각 문항에서 나를 가장 잘 묘사한 순서대로 4점/3점/2점/1점을 기입하세요.

		점수		점수		점수		점수
다른 친구들은 나에 대해	모험적이고 겁이 없다		말이 많고 정신 없다		느리고 답답하다		조용하고 말이 없다	
나는 ——을 싫어한다	강제로 시킬 때		혼자 버려둘 때		먹는 것으로 협박할 때		시끄러울 때	
내가 남자화장실 관리인 이라면 소변기 앞에 ?	한발 앞으로!		남자가 흘리지 말아야 할 것은 눈물만이 아니죠		아무것도 붙여놓지 않는다		20cm만 앞으로 오십시요	
나는 ——을 잘한다	새로운 일을 만들고 추진하기를		힘든 친구들을 위로하기를		말없이 도와주기를		상세한 계획을 세우기를	
다른 사람의 말을 들을 때…	종종 참을성이 없다		주위가 산만하고 끼어든다		기꺼이 주의를 기울여 듣는다		사실에 초점을 맞추고 분석한다	
다른 사람과 …에 대해 이야기하는 것을 좋아한다	내 자랑		연예인, 영화,친구		남이 한 이야기에 덧붙이기		책, 정보, 사실	
나는 ——말한다	생각난 대로		남을 기분 좋게 해주기 위해		분위기에 따라서		여러 번 생각한 후에	
축구팀에 들어가면 나의 포지션은…	최전방 공격수		공격형 수비수		수비형 공격수		최종 수비수	
나중에 직업을 가진다면	사장, 군인, 정치인		연예인, 디자이너,아나운서		외교관, 공무원,전문기술자		의사, 교수,세무사	
내가 교통표지판을 만든다면…	아빠의과속운전 피해자는우리가정		웃는엄마 밝은아빠 알고보니 양보운전		학교앞길 무서워요 걷게 안전운전		질서,모두에게 편하고 아름다운 것	
내가 영화를 제작한다면	감독		배우		카메라 맨		작가	
어떤 일을 할 때	빨리 해치워야 속이 시원하다		내버려두고 다른 재미있는 일을 한다.		때가 되어서야 마지못해 한다		정확하고 제대로 하기를 원한다	
나는 …스타일의 옷을 좋아한다	고급스러운		요란하며 튀는		실용적이고 편리한		깔끔하고 드러나지 않는	
내 방은	내 허락 없이 들어올 수 없다		요란하다		물건이 많이 쌓여 있다.		항상 깨끗하다	
화가 나면	대항하고 소리를 지른다		친한 친구와 속을 푼다		먹거나 잠을 잔다		혼자 있는다	
총 점	(가)		(나)		(다)		(라)	

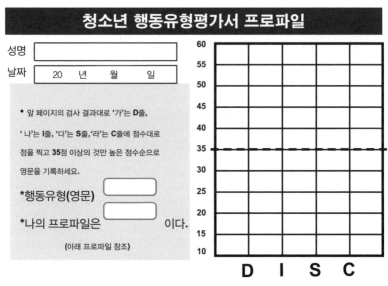

🌸 홍광수 DISC연구소
www.disc.or.kr

청소년 행동유형평가서 프로파일

성명 [   ]

날짜 [20   년   월   일]

• 앞 페이지의 검사 결과대로 '가'는 **D**줄,
' 나'는 **I**줄, '다'는 **S**줄,'라'는 **C**줄에 점수대로
점을 찍고 **35**점 이상의 것만 높은 점수순으로
영문을 기록하세요.

*행동유형(영문) [   ]

*나의 프로파일은 [   ] 이다.

(아래 프로파일 참조)

60
55
50
45
40
35
30
25
20
15
10

D I S C

DISC의 40개 행동유형 프로파일

행동유형	프로파일	행동유형	프로파일	행동유형	프로파일
D	감독자형	I/S	격려자형	S/C/D	전략가형
D/I	결과지향형	I/S/D	헌신자형	S/C/I	평화중재자형
D/I/S	관계중심적 지도자형	I/S/C	코치형	C	논리적 사고형
D/I/C	대법관형	I/C	대인협상가형	C/D	설계자형
D/S	성취자형	I/C/D	업무협상가형	C/D/I	프로듀서형
D/S/I	업무중심적 지도자형	I/C/S	조정자형	C/D/S	심사숙고형
D/S/C	전문가형	S	팀플레이어형	C/I	평론가형
D/C	개척자형	S/D	전문적 성취자형	C/I/D	작가형
D/C/I	대중강사형	S/D/I	디자이너형	C/I/S	중재자형
D/C/S	거장형	S/D/C	수사관형	C/S	원칙중심형
I	분위기 메이커형	S/I	조언자형	C/S/D	국난극복형
I/D	설득자형	S/I/D	평화적 리더형	C/S/I	교수형
I/D/S	정치가형	S/I/C	상담자형		
I/D/C	지도자형	S/C	관리자형		

:: 2) DISC 기질 이해

① 기질 별로 동기유발 환경을 만드는 법

D형	• 성장(진보)의 기회를 준다. • 목표와 보상을 명확히 제시하면서 적절한 권한과 자유를 보장한다. • 도전의 기회를 준다. • 실수할 때는 모른 척하고, 잘한 것은 과하게 감탄한다. • 터무니없이 큰 목표를 이야기하더라도 핀잔주지 않는다. 대신 단기목표 위주로 실행할 수 있게 한다. • 경쟁자를 활용한다. • 다양한 활동이 가능한 환경을 만든다.
I형	• 표현할 기회를 준다. 신나는 분위기를 제공한다. • 친구와 함께할 수 있도록 한다. • 칭찬을 아끼지 않는다. • 상상력을 활용한다. • 감정에 충분히 공감한다. • 우호적인 환경을 만든다.
S형	• 안정된 환경을 만들어 구체적이고 일관된 지침을 준다. • 친근감을 주는 환경을 만들어 친절하게 관리한다. 어릴 때부터 습관을 형성하는 것이 중요하다. • 수단과 방법을 명확하게 알려주고 느긋하게 대한다. • 압박하지 않는다. 갈등구조나 급격한 환경의 변화를 일으키지 않는다. • 예측가능한 환경을 만든다.
C형	• 정확한 정보를 준다. 해야만 하는 이유를 상세히 설명하고 충분히 기다려 준다. • 가치지향적 목표를 세운다. • 격려한다. 근거 있는 칭찬을 한다. 언제든 질문할 수 있는 분위기를 만든다. 예의 있게 대한다. • 조곤조곤 이야기하되 설득은 육하원칙에 의해 근거를 대고 한다. 객관적인 논리로 설득한다.

② 기질별 대화 스타일

D형	• 힘이 넘친다. 목소리가 크고 활력이 있다. • 문제의 핵심으로 바로 들어간다. 말을 중간에서 가로채는 편이다. • 자세하게 말하는 것이 힘들다. • 목적에 관해서 묻는다(What).
I형	• 자신 있게 말한다. 감정적이다. 열정적으로 표현한다. 제스처가 크다. • 매력적이고 따뜻하게 말한다. • 자기 자신에 대해 이야기하는 것을 좋아한다. • 흥분한 것처럼 보인다. • 사람에 관심을 보인다(Who).
S형	• 다른 사람에 비해 말을 자주 멈춘다. • 불확실하게 말하거나 간접적으로 표현한다. • 단정적으로 이야기하지 않는다. • 여유 있고 느린 말투이다. • 자세하게 설명한다. • 협조적이고 도움을 주는 말을 한다. • '어떻게'라는 질문을 한다(How).
C형	• 온건하고 부드럽게 말한다. • 조용하게 말한다. • 감정표현을 자제한다. • 간접적으로 표현한다. • 사적 이야기를 적게 한다. • 사실과 논리적인 이야기를 잘한다. • 자세한 설명을 원한다. • '왜'라는 질문을 한다(Why).

③ 기질별 대화 전략

D형	• 결론을 먼저 말한다. • 간략하고 명확하게 말한다. • 일방적 지시보다는 선택의 여지를 준다. • 중요한 일부터 먼저 이야기한다. • 말을 돌리지 말고 직접적인 대화를 한다 • 원하는 일과 결과에 초점을 두고 대화한다.
I형	• 자신에 대해 말할 기회를 준다. • 새로운 것에 대해 이야기한다. • 취미와 관심사에 대해 이야기한다. • 상상력을 자극하는 말을 한다. • 자연스럽게 공부와 연결시킨다. • 세부적인 내용은 글로 적어 준다.
S형	• 친근하고 부드럽게 이야기한다. • 이익과 실리를 언급한다. • 개인, 가족과 주변 인물에 진실한 관심을 보인다. • 압박하는 대화를 피한다. • 목표와 역할과 방법 등을 상세하게 말한다.
C형	• 감정적인 표현을 피한다. • 사적인 일에 대해 구체적으로 묻지 않는다. • 사실과 근거에 대해 이야기한다. • 정확한 정보와 자료를 제공하여 설득한다. • 구체적으로 이야기한다. • 미리 준비할 수 있는 시간을 제공한다.

④ 기질별 두려움

D형	• 목표 상실, 비난, 할 일이 없는 것, 통제권 상실
I형	• 따돌림, 인정받지 못함, 사회적 거부, 체면 상실
S형	• 압박, 갈등, 변화, 긴장감
C형	• 배신, 공개, 오해, 타인의 비판

뉴노멀시대 스마트한 자녀교육

초판 1쇄   2022년 4월 8일

지은이   전혜선
발행인   김재홍
교정/교열   김혜린
마케팅   이연실
디자인   박효은

발행처   도서출판지식공감
등록번호   제2019-000164호
주소   서울특별시 영등포구 경인로82길 3-4 센터플러스 1117호(문래동1가)
전화   02-3141-2700
팩스   02-322-3089
홈페이지   www.bookdaum.com
이메일   bookon@daum.net

가격   15,000원
ISBN   979-11-5622-687-1   03370

ⓒ 전혜선 2022, Printed in South Korea.
- 이 책은 저작권법에 따라 보호받는 저작물이므로 무단전재와 무단복제를 금지하며,
  이 책 내용의 전부 또는 일부를 이용하려면 반드시 저작권자와 도서출판지식공감의
  서면 동의를 받아야 합니다.
- 파본이나 잘못된 책은 구입처에서 교환해 드립니다.